GUIA MÉTODO
DO CONCURSO
PÚBLICO
TUDO PARA SUA PREPARAÇÃO

O GEN | Grupo Editorial Nacional – maior plataforma editorial brasileira no segmento científico, técnico e profissional – publica conteúdos nas áreas de concursos, ciências jurídicas, humanas, exatas, da saúde e sociais aplicadas, além de prover serviços direcionados à educação continuada.

As editoras que integram o GEN, das mais respeitadas no mercado editorial, construíram catálogos inigualáveis, com obras decisivas para a formação acadêmica e o aperfeiçoamento de várias gerações de profissionais e estudantes, tendo se tornado sinônimo de qualidade e seriedade.

A missão do GEN e dos núcleos de conteúdo que o compõem é prover a melhor informação científica e distribuí-la de maneira flexível e conveniente, a preços justos, gerando benefícios e servindo a autores, docentes, livreiros, funcionários, colaboradores e acionistas.

Nosso comportamento ético incondicional e nossa responsabilidade social e ambiental são reforçados pela natureza educacional de nossa atividade e dão sustentabilidade ao crescimento contínuo e à rentabilidade do grupo.

GUIA MÉTODO
DO CONCURSO PÚBLICO

TUDO PARA SUA PREPARAÇÃO

■ A EDITORA FORENSE se responsabiliza pelos vícios do produto no que concerne à sua edição (impressão e apresentação a fim de possibilitar ao consumidor bem manuseá-lo e lê-lo). Nem a editora nem o autor assumem qualquer responsabilidade por eventuais danos ou perdas a pessoa ou bens, decorrentes do uso da presente obra.

Todos os direitos reservados. Nos termos da Lei que resguarda os direitos autorais, é proibida a reprodução total ou parcial de qualquer forma ou por qualquer meio, eletrônico ou mecânico, inclusive através de processos xerográficos, fotocópia e gravação, sem permissão por escrito do autor e do editor.

Impresso no Brasil – *Printed in Brazil*

■ Direitos exclusivos para o Brasil na língua portuguesa
Copyright © 2018 by
EDITORA FORENSE LTDA.
Uma editora integrante do GEN | Grupo Editorial Nacional
Rua Conselheiro Nébias, 1384 – Campos Elíseos – 01203-904 – São Paulo – SP
Tel.: (11) 5080-0770 / (21) 3543-0770
faleconosco@grupogen.com.br / www.grupogen.com.br

■ O titular cuja obra seja fraudulentamente reproduzida, divulgada ou de qualquer forma utilizada poderá requerer a apreensão dos exemplares reproduzidos ou a suspensão da divulgação, sem prejuízo da indenização cabível (art. 102 da Lei n. 9.610, de 19.02.1998).
Quem vender, expuser à venda, ocultar, adquirir, distribuir, tiver em depósito ou utilizar obra ou fonograma reproduzidos com fraude, com a finalidade de vender, obter ganho, vantagem, proveito, lucro direto ou indireto, para si ou para outrem, será solidariamente responsável com o contrafator, nos termos dos artigos precedentes, respondendo como contrafatores o importador e o distribuidor em caso de reprodução no exterior (art. 104 da Lei n. 9.610/98).

■ Capa: Danilo Oliveira

■ Ilustrações: Ricardo Lima de Brito e Karen Mayumi Ameomo

■ Fechamento desta edição: 11.09.2017

■ CIP – Brasil. Catalogação na fonte.
Sindicato Nacional dos Editores de Livros, RJ.

G971

    Guia método do concurso público – Rio de Janeiro: Forense; São Paulo: MÉTODO, 2018.

Inclui bibliografia
ISBN: 978-85-309-7721-4

1. Direito administrativo – Problemas, questões, exercícios. 2. Serviço público – Brasil – Concursos. I. Título.

17-44356
CDU: 342.9(81)

APRESENTAÇÃO

Todos nós já repensamos a vida profissional em algum momento, seja por insatisfação, por insegurança, por buscar novos objetivos ou, simplesmente, por querer algo melhor. Alguns pensam em mudar de área, de país, e outros enxergam uma possibilidade real, porém distante de ser alcançada: a sonhada carreira pública! Há também aqueles que sempre tiveram os concursos públicos como primeira opção, e não se veem diferentes disso. É um objetivo de vida!

E por que a carreira pública chama tanto nossa atenção? Os motivos são sempre os mesmos: estabilidade de emprego, salários diferenciados, benefícios oferecidos e oportunidade de ascensão social.

Entrar nesse universo pode não ser tão simples. É bem diferente da iniciativa privada. Nem sempre estamos preparados para o desafio de fazer provas com conteúdos tão abrangentes e diferentes do que estamos acostumados a lidar no dia a dia.

Foi pensando em você, que pretende se aventurar por esse novo mundo, que desenvolvemos este *Guia Método do Concurso Público*. Aqui você encontrará um panorama geral sobre os concursos, partindo das principais áreas e cargos, desde aqueles que exigem nível médio até os de alto rendimento. Nosso objetivo é apresentar todas as possibilidades para que você conquiste o que almeja.

Estruturado a partir do pedido de abertura das vagas, este *Guia* foi elaborado para que você conheça o passo a passo dos concursos e seus elementos fundamentais: as bancas examinadoras, o edital, as fases do concurso, a preparação, a prova em si, a aprovação e a reprovação, a retomada dos estudos, expectativas, dificuldades e desafios desse percurso.

Ao longo do texto, você contará com depoimentos de autores consagrados, funcionários públicos, que trouxeram as experiências de sua preparação para auxiliá-lo a chegar lá!

Na dúvida de qual a melhor metodologia de estudo para você, terá a oportunidade de fazer um teste e descobrir o método que mais se encaixa em seu perfil.

APRESENTAÇÃO | VII

Disponibilizamos *planners* e sugestões sobre como utilizá-los, além de outros modelos disponíveis para *download* em Material Complementar. Com isso, você poderá organizar a sua rotina de estudos (conforme seu tempo disponível) e o programa de matérias cobradas no concurso escolhido.

Um glossário ao final da obra, com os principais termos utilizados em concursos, foi construído com o único objetivo de integrá-lo a esse universo tão sonhado e tão específico.

Além da obra que tem em mãos, alguns editais de forma sistematizada, com os conteúdos cobrados nos últimos concursos, estão disponibilizados em material complementar *on-line*.

Venha descobrir por que cada vez mais pessoas se interessam pelo mundo dos concursos públicos. Sua preparação começa agora. Mãos à obra! Prepare-se, organize-se e estude! Certamente, o resultado virá.

Conquistar tudo isso só depende de você!

Equipe Método

Acompanhe as novidades sobre os principais concursos públicos e consulte o infográfico das matérias cobradas com melhor visualização:

http://genconcursos.com.br/guiametodo

AGRADECIMENTOS

Este livro foi cuidadosamente elaborado pela Equipe Método.

Agradecemos a todos os envolvidos pelo comprometimento e pela dedicação. Em especial, aos colaboradores: Camila Amadi Bonfim, Fernanda Vieira de Moraes Saccomano, Ísis de Vitta Grangeiro Rodrigues, Karen Mayumi Ameomo, Marcela Queiroz Sales, Mariana Alexandra de Arruda Penido, Mariane de Mello Genaro Feitosa, Paola Sabbag Caputo, Patricia Pravatti, Ricardo Lima de Brito e Thiago Roberto de Freitas.

Parabéns pelo excelente trabalho, que certamente trará bons resultados para nossos concursandos.

Oriene Pavan
Diretora Editorial

SUMÁRIO

Capítulo 1 – O QUE É CONCURSO PÚBLICO – DA PREVISÃO À PUBLICAÇÃO DO EDITAL.. 1

1.1. O que é concurso público..................................... 4

1.2. Por que prestar concurso 6

1.3. A importância do edital.. 9

Requisitos básicos – O que todo mundo deve ter, independentemente do concurso? 17

Requisitos particulares – Alguns concursos exigem mais? 18

Capítulo 2 – O PERFIL DO CONCURSEIRO 23

2.1. Quem são os concurseiros..................................... 26

Iniciantes 26

Os que buscam mudança de vida............................ 28

Veteranos 29

2.2. Características pessoais do concurseiro 29

2.3. Como se preparar para um concurso público 32

Rotina do concurseiro 32

Vida social... 34

Abdicações 35

2.4. Vida de servidor público 36

2.5. O que esperar dessa experiência.............................. 38

Capítulo 3 – CARREIRAS... 41

3.1. O que é uma carreira... 44

3.2. Como as carreiras se dividem e quais as características de cada uma 45

Nível médio.. 49

Bancária 51

Segurança Pública	55
Uso de armas e de uniformes	55
Fiscal	61
Principais órgãos fiscais	62
Jurídica e diplomática	66
Supremo Tribunal Federal	67
Superior Tribunal de Justiça	69
Justiça Federal	70
Justiça do Trabalho	72
Justiça Eleitoral	75
Justiça Militar	77
Justiça Estadual	79
Das funções essenciais à Justiça	82
Instituto Rio Branco – Diplomata	92
3.3. Como escolher a carreira – O que levar em consideração na escolha	92
Formação	93
Perfil	94
Aspecto psicológico e emocional	95
Aspectos físicos	96
Disponibilidade	96
Vagas	97
Capítulo 4 – BANCAS EXAMINADORAS	99
4.1. O que é uma banca examinadora	102
4.2. Principais bancas	103
Fundação Carlos Chagas – FCC	104
Fundação Getulio Vargas – FGV	107

Centro Brasileiro de Pesquisa em Avaliação e Seleção e de Promoção de Eventos – Cebraspe (antiga Cespe) 110

Fundação Cesgranrio 113

Fundação para o Vestibular da Universidade Estadual Paulista – Vunesp 116

Escola de Administração Fazendária – Esaf 118

Consulplan 121

Outras bancas 125

4.3. Como a banca influencia na prova.................................. 126

4.4. Peculiaridades – o que saber sobre cada banca 130

Capítulo 5 – O QUE ESTUDAR E COMO ESTUDAR 133

5.1. Por onde começar 136

5.2. Como estudar... 139

Dicas gerais para estudo.. 140

Tipos de aprendizagem – Método VAK (Visual, Auditivo, Cinestésico) 149

Teste 152

5.3. O que estudar 155

Língua Portuguesa 156

Matemática/Raciocínio lógico....................................... 156

Informática.. 156

Atualidades/Conhecimentos gerais 157

Direito Constitucional.. 157

Direito Administrativo 158

5.4. Ferramentas e materiais para estudo 159

Cursos preparatórios para concursos públicos 159

Videoaulas.. 161

Sites especializados... 162

Aplicativos 162

Livros voltados a concursos 163

Códigos e Legislação 164

5.5. Desistir? Jamais 165

Capítulo 6 – EDITAL SISTEMATIZADO 167

Escriturário do Banco do Brasil 171

Conhecimentos básicos 171

Língua Portuguesa 171

Raciocínio lógico-matemático 172

Atualidades do mercado financeiro 172

Conhecimentos específicos 173

Cultura organizacional 173

Técnicas de vendas 174

Atendimento (focado em vendas) 175

Domínio produtivo da informática 175

Conhecimentos bancários 177

Língua Inglesa 177

Capítulo 7 – *PLANNER* 179

7.1. O que é um *planner* e como utilizá-lo 182

Planner mensal 182

Planner semanal 184

Planner diário 185

7.2. *Autocoaching*: montando a grade de estudos 186

Capítulo 8 – DIA DA PROVA 195

8.1. O dia anterior 198

Preparativos práticos 198

Relaxamento e sono 201

8.2.	O dia da prova	203
	A manhã da prova	203
	A espera antes da prova	205
	Durante a prova	206
	Ansiedade	207
8.3.	Os dias seguintes	208
	Gabarito	208
	Conferência	209
	Correção	209
	Recursos	210
	Mandado de segurança	211

Capítulo 9 – FINALMENTE PASSEI 213

9.1.	Como garantir que passei? O que significa passar em um concurso público? Posso começar a trabalhar?	216
9.2.	Candidatos aprovados para as vagas disponíveis	218
9.3.	Candidatos aprovados para o cadastro de reserva	219
9.4.	O que mais devo saber	220
	Concurso de remoção	220
	Pedido de reclassificação ou reposicionamento	220
	Estágio probatório	220
9.5.	Acabou? Agora posso começar a comemorar? Gastar por conta?	222

Capítulo 10 – NÃO FOI DESSA VEZ 225

10.1.	Falar sobre os fracassos	228
10.2.	Os dias seguintes ao resultado	230
10.3.	O que fazer de diferente	230

10.4. Tente outra vez... 231

10.5. Resiliência: a capacidade de se recuperar de adversidades.. 232

10.6. Recomece!... 234

INFOGRÁFICO 237

GLOSSÁRIO 251

REFERÊNCIAS... 261

CAPÍTULO 1

O QUE É CONCURSO PÚBLICO — DA PREVISÃO À PUBLICAÇÃO DO EDITAL

Sumário: 1.1. O que é concurso público – 1.2. Por que prestar concurso – 1.3. A importância do edital: Requisitos básicos – O que todo mundo deve ter, independentemente do concurso?; Requisitos particulares – Alguns concursos exigem mais?

A opção pela carreira pública começa com a pesquisa sobre tudo o que se refere a concurso público. Entender o que é, quais suas etapas e seus requisitos para aprovação, além de outras questões técnicas – que serão vistas no decorrer desta obra – é fundamental para garantir uma preparação consistente.

1.1. O QUE É CONCURSO PÚBLICO

Em termos gerais, concurso público é o meio pelo qual a Administração Pública contrata seus servidores. Ela só pode fazer o que a lei permite. Assim, para que um concurso se realize, é preciso que seja previsto e autorizado por lei. Ou seja, para que haja um concurso público, é necessário que esteja mencionado na Lei Orçamentária Anual – LOA, norma que dispõe sobre todos os gastos feitos pela Administração e ganhos recebidos por ela no período.

Depois dessa fase de previsão orçamentária, inicia-se a busca pela instituição que organizará o concurso e aplicará as provas: a banca organizadora. Essa contratação é feita por meio de uma **licitação**, procedimento estabelecido pela lei para que os entes públicos contratem serviços. Isso ocorre porque a Administração Pública deve respeitar regras impostas pela Constituição Federal, e apenas em alguns casos bem específicos é autorizada a contratação de serviços ou a compra de bens sem esse procedimento.

ATENÇÃO! Concurso público é o processo seletivo de entidades governamentais que tem como objetivo escolher o melhor candidato para ocupar uma vaga em determinado cargo público.

Não existem regras definitivas para os concursos, pois ainda não há uma lei específica que discipline todos eles. Há uma Proposta de Emenda Constitucional, a PEC 75/2015, que tem como objetivo a edição de uma lei nacional que discipline o concurso público – a Lei Geral dos Concursos –, que trará orientações e possibilitará que os estados brasileiros criem suas próprias leis sobre o assunto, com as necessárias adaptações. Essa proposta está em discussão há certo tempo, mas ainda sem previsão de andamento.

Por enquanto, já que não temos uma Lei Geral, cada concurso tem a sua própria lei, determinada no edital.

O edital também precisa seguir as orientações gerais da Constituição Federal, que estabelece, por exemplo, que os cargos, os empregos e as funções públicas são acessíveis aos brasileiros e estrangeiros que preencherem os requisitos específicos e forem aprovados em concurso público; que o concurso tem validade máxima de dois anos, prorrogáveis por mais dois anos; entre outras disposições.[1]

A seleção dos servidores acontece geralmente por meio de provas objetivas (escritas), em um único dia, para todos os candidatos. É diferente do processo seletivo de uma empresa privada, pois é necessário preencher os requisitos prévios estabelecidos em edital, se inscrever, pagar uma taxa e, então, disputar a vaga. Pode se dar apenas por prova escrita ou ser acompanhada da avaliação de títulos, ou seja, a análise de sua experiência e especialização.

A estrutura do concurso é de acordo com a carreira oferecida e com os requisitos estabelecidos pela entidade que pede essa seleção. Veremos mais adiante as possíveis etapas do certame.

---

[1] Art. 37. A Administração Pública Direta e Indireta de qualquer dos Poderes da União, dos Estados, do Distrito Federal e dos Municípios obedecerá aos princípios de legalidade, impessoalidade, moralidade, publicidade e eficiência e, também, ao seguinte:

I – os cargos, empregos e funções públicas são acessíveis aos brasileiros que preencham os requisitos estabelecidos em lei, assim como aos estrangeiros, na forma da lei;

II – a investidura em cargo ou emprego público depende de aprovação prévia em concurso público de provas ou de provas e títulos, de acordo com a natureza e a complexidade do cargo ou emprego, na forma prevista em lei, ressalvadas as nomeações para cargo em comissão declarado em lei de livre nomeação e exoneração;

III – o prazo de validade do concurso público será de até dois anos, prorrogável uma vez, por igual período;

IV – durante o prazo improrrogável previsto no edital de convocação, aquele aprovado em concurso público de provas ou de provas e títulos será convocado com prioridade sobre novos concursados para assumir cargo ou emprego, na carreira;

V – as funções de confiança, exercidas exclusivamente por servidores ocupantes de cargo efetivo, e os cargos em comissão, a serem preenchidos por servidores de carreira nos casos, condições e percentuais mínimos previstos em lei, destinam-se apenas às atribuições de direção, chefia e assessoramento;

É possível afirmar que o concurso público é o processo seletivo mais democrático que existe, pois todos os concorrentes são tratados com igualdade. Na correção das provas, não são considerados critérios subjetivos dos examinadores, mas sim a habilidade técnica do candidato, avaliada segundo os requisitos exigidos no edital. Se a preparação para a prova é adequada, a aprovação é uma consequência.

1.2. POR QUE PRESTAR CONCURSO

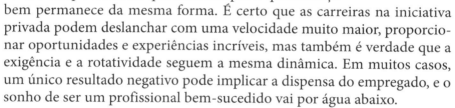

Houve um tempo em nosso país em que construir uma carreira na iniciativa privada fazia brilhar os olhos de qualquer pessoa. Se fosse em grandes empresas ou mesmo em multinacionais, tudo seria perfeito. Porém, o tempo mostrou que nem sempre o que começa bem permanece da mesma forma. É certo que as carreiras na iniciativa privada podem deslanchar com uma velocidade muito maior, proporcionar oportunidades e experiências incríveis, mas também é verdade que a exigência e a rotatividade seguem a mesma dinâmica. Em muitos casos, um único resultado negativo pode implicar a dispensa do empregado, e o sonho de ser um profissional bem-sucedido vai por água abaixo.

Paralelamente a essa mudança de realidade, a carreira pública começou a parecer mais vantajosa. É notório que, durante muito tempo, o estereótipo de "funcionário folgado" das repartições públicas não era atrativo. No entanto, em um cenário de picos extremos como o da iniciativa privada, ter a possibilidade de manter um bom salário começou a povoar a imaginação de muitos trabalhadores.

Outro fator primordial que fez os concursos ganharem atenção foi a situação econômico-financeira do país. Quem não deseja ter estabilidade no emprego? A segurança no setor público é tamanha que, em caso de dispensa, há um procedimento específico a ser seguido, podendo até mesmo reverter a situação.

Assim, o concurso público passou a atrair um número cada vez maior de pessoas pelos benefícios que oferece: bons salários, estabilidade de emprego, aposentadoria diferenciada, horário fixo, entre outros.

A escolha pela carreira pública foi um processo natural. Na minha juventude, sempre procurei fazer o que é certo e nunca admiti injustiças com as pessoas ao meu redor, o que impactou na minha decisão pelo curso de Direito.

Ao longo da faculdade, fiz estágios na área pública e na área privada. Conheci os dois mundos e ambos possuem pontos positivos e negativos.

A decisão pelo concurso público foi tomada no último ano da faculdade, durante as minhas férias. Após pedir demissão do estágio, dediquei-me aos estudos voltados para os concursos públicos.

A estabilidade, as prerrogativas e as funções inerentes ao cargo público foram alguns dos fatores que influenciaram a minha opção pelo concurso.

Inicialmente, atuei como Defensor Público da União e, em seguida, como Procurador do Município do Rio de Janeiro, cargo que ocupo até o momento.

Rafael Oliveira,
Procurador do Município do Rio de Janeiro

Eu escolhi a carreira pública porque, além de garantir uma boa remuneração e estabilidade, permite ao servidor melhorar, de alguma forma, o Brasil.

André Neiva,
Auditor-fiscal da Receita Federal

IMPORTANTE! Pode ser que esses motivos já bastem para justificar sua escolha e seguir adiante em um momento de incertezas. Mas será que é o bastante para uma vida inteira?

O objetivo aqui é fazer você ter certeza de que escolheu o caminho certo ou que possui metas suficientemente claras para levá-lo aonde deseja chegar.

Um ponto bastante relevante no assunto concursos é a realização profissional, pois em determinadas carreiras existem inúmeras possibilidades de crescimento. Claro que não é por trabalhar no tribunal que poderá se tornar um juiz, por exemplo, até porque é necessário concurso público específico para esse fim, mas pode haver um leque de boas oportunidades que, bem aproveitadas, podem fazer a diferença no futuro. A ascensão dentro das carreiras talvez não se dê de maneira rápida, mas é um caminho possível.

O que queremos mostrar é que, além dos fatores econômico-financeiros, da estabilidade e de outras possíveis vantagens, pode haver sim realização pessoal.

Pesquise sobre o concurso que deseja fazer e veja se, além do salário, existem outros atrativos.

Quantas histórias ouvimos de pessoas que começaram estudando apenas pelo dinheiro, foram aprovadas e depois desistiram, pois não estavam felizes?! Não há nada de errado nisso, mas verifique se as motivações das suas escolhas são as ideais. Embora o dinheiro, a estabilidade e outras vantagens sejam motivos relevantes, que em um primeiro momento resolverão muitas coisas, não se prenda somente a isso.

Além dos muitos benefícios, é possível ser plenamente realizado em seu cargo público!

1.3. A IMPORTÂNCIA DO EDITAL

O edital divulga em lugares públicos, como na imprensa, notícia, fato ou ordem que devam ser difundidos para conhecimento das pessoas nele mencionadas e de outras que possam ter interesse no assunto.[2]

No quesito concursos, o edital de abertura é publicado nos *sites* das bancas examinadoras responsáveis pela realização do certame, e serve para mostrar quais serão as disposições aplicadas em determinada prova.

É bem verdade que se trata de um conteúdo extenso e não muito atrativo, mas sua leitura pode evitar muitos percalços. Nele é possível encontrar desde a cor e o tipo de caneta permitidos no dia da prova até o traje exigido para a apresentação quando há provas práticas ou orais, por exemplo.

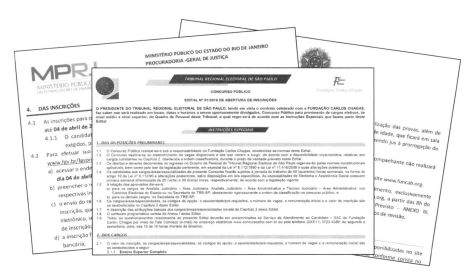

Em regra, o edital é publicado em PDF para tornar a consulta mais rápida. Depois de uma primeira leitura integral atenta, é possível utilizar as ferramentas de busca para chegar ao ponto que gerou alguma dúvida.

---

[2] DE PLÁCIDO E SILVA. *Vocabulário Jurídico*. 32. ed. São Paulo: Forense, 2016.

No início do documento, há o selo e a identificação da entidade que solicitou o certame, seguidos de uma breve apresentação com referência aos cargos, empregos ou funções a serem preenchidos; o resumo das atribuições; o quadro de vagas disponíveis e sua divisão por região, quando for o caso. Depois, há a reserva legal de vagas destinadas às pessoas com deficiência e aos candidatos negros.

Essa reserva legal de vagas decorre de imposição constitucional[3] e legislativa no que se refere aos candidatos com deficiência e de imposição legislativa, no caso de candidatos negros.[4]

A lei justificou a criação de vagas para as pessoas com deficiência pelas dificuldades encontradas para escolarização, qualificação, aprendizado e domínio de tecnologia, que dificultam a sua inserção no mercado de trabalho. Algumas deficiências, como a mental, dificultam ainda mais a colocação do indivíduo, por conta do estigma gerado.

Diante desse cenário de dificuldades, a reserva de vagas para os candidatos com deficiência, além de promover a igualdade de oportunidades, minimiza os obstáculos e torna possível o acesso a um emprego e a uma vida com mais qualidade.

O ideal seria que todos tivessem acesso a uma educação de qualidade e as mesmas oportunidades de qualificação e desenvolvimento profissional. Enquanto essa realidade não chega, as vagas reservadas são medida de garantia para que todos tenham acesso a cargos públicos.

---

[3] Constituição Federal – Art. 37. A Administração Pública Direta e Indireta de qualquer dos Poderes da União, dos estados, do Distrito Federal e dos municípios obedecerá aos princípios de legalidade, impessoalidade, moralidade, publicidade e eficiência e, também, ao seguinte:
[...] VIII – a lei reservará percentual dos cargos e empregos públicos para as pessoas portadoras de deficiência e definirá os critérios de sua admissão;

[4] Ver a **Lei 12.990, de 9 de junho de 2014** – Reserva aos negros 20% (vinte por cento) das vagas oferecidas nos concursos públicos para provimento de cargos efetivos e empregos públicos no âmbito da administração Pública Federal, das autarquias, das fundações públicas, das empresas públicas e das sociedades de economia mista controladas pela União e a **Resolução 203, de 23 de junho de 2015 do Conselho Nacional de Justiça** – Dispõe sobre a reserva aos negros, no âmbito do Poder Judiciário, de 20% (vinte por cento) das vagas oferecidas nos concursos públicos para provimento de cargos efetivos e de ingresso na magistratura.

Importante mencionar que os editais variam conforme os concursos. Alguns são mais detalhados e divididos em tópicos; outros, por apresentarem mais fases, são maiores e têm outros itens a disciplinar. No entanto, em todos eles encontramos tópicos essenciais, como veremos.

Fique atento à leitura do edital, pois informações importantes podem não estar destacadas.

Os editais podem ser de abertura, de convocação, de retificação, de divulgação, e por aí vai, e alterados em consequência de recursos ou de outros motivos pertinentes que prejudiquem o entendimento do candidato em determinado ponto.

Veja como um edital pode ser estruturado:

```
I     - Da abertura do concurso
II    - Das inscrições
III   - Das inscrições de pessoas com deficiência
IV    - Das inscrições de candidatos negros
V     - Das provas
VI    - Da aplicação da prova objetiva
VII   - Do julgamento da prova objetiva
VIII  - Da aplicação da prova prática
IX    - Do julgamento da prova prática
X     - Da classificação final
XI    - Dos recursos
XII   - Inspeção médica
XIII  - Das disposições finais
Cronogramas
Modelos (ex.: pedido de redução do valor da taxa de inscrição, recursos etc.)
Conteúdo programático
```

- **Abertura do concurso.** Nesse item, consta o período em que as inscrições estarão abertas, as informações sobre a jornada de trabalho, os vencimentos de prazos e outros.
- **Inscrições.** Item extremamente importante, já que traz o rol de requisitos a serem preenchidos para poder participar da disputa. Esses requisitos podem variar conforme as especificidades de cada carreira, que poderá exigir mais ou menos habilidades dos candidatos. Exemplos:

- ser brasileiro nato, naturalizado ou gozar das prerrogativas previstas no artigo 12, § 1º, da Constituição Federal de 1988;
- ter 18 anos de idade completos até a data da posse ou ter idade mínima de 18 anos;
- ter idade máxima quando da inscrição definitiva, conforme o cargo;
- estar em dia com as obrigações eleitorais;
- estar em dia com as obrigações do serviço militar;
- ter aptidão física e mental para o exercício das atribuições;
- não registrar antecedentes criminais.

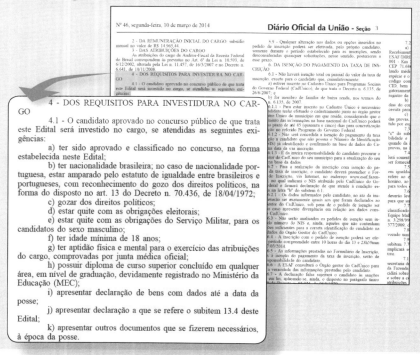

Para entrega de documentos, como diplomas e certificados de conclusão de cursos, a leitura do item deve ser realizada com muita cautela para que seja possível organizar a documentação necessária no prazo estabelecido, que talvez seja previsto em outro item.

Nesse ponto, também serão respondidas questões como:

a) Onde serão realizadas as inscrições?
b) Qual o valor da taxa de inscrição?
c) Qual a forma de pagamento?
d) Quais os meios de pagamento que não serão admitidos?
e) Qual a data e quais os horários para verificar se a inscrição foi deferida?
f) O valor pago pela inscrição poderá ser devolvido?
g) É possível isenção ou redução da taxa de inscrição?
h) Qual é o procedimento para que haja isenção ou redução da taxa de inscrição? E quais serão os prazos?
i) Caso haja indeferimento da inscrição, é possível recorrer? Quais são os prazos e o procedimento?

- **Inscrições de pessoas com deficiência.** As pessoas com deficiência que desejem participar de concursos devem ter muita cautela, pois existem condições específicas para elas, como apresentação de documentos e laudos que não são exigidos dos outros participantes. Isso porque é preciso provar para a banca examinadora a deficiência para concorrer às vagas destinadas a esse público e também para adaptação da prova, caso necessária. Os candidatos com deficiência fazem a prova em igualdade de condições em relação ao conteúdo. O que pode ocorrer é algum tipo de ajuste para que consigam fazer a prova sem grandes dificuldades, e, caso tenham se inscrito nas vagas destinadas a pessoas com deficiência, concorrerão apenas com outros candidatos na mesma situação.

- **Inscrições de candidatos negros.** Os candidatos que se autodeclararem negros quando da inscrição também precisam estar atentos, pois devem seguir algumas formalidades para concorrer às vagas reservadas. Cabe ao candidato verificar se há previsão de envio de declaração em separado. Por vezes, o modelo dessa declaração encontra-se nos anexos do edital de abertura, o que facilita muito, já que basta seguir o roteiro indicado pela banca. É possível ainda que haja uma entrevista com fins de constatação. Lembre-se de que uma declaração falsa pode custar a eliminação do concurso.

- **Provas.** Esse item traz informações gerais sobre a prova, tais como: em quantas etapas o concurso será dividido; quantos testes haverá na prova objetiva e quantas alternativas constarão em cada um; se terá caráter eliminatório, classificatório ou ambos; quantos candidatos serão convocados para a segunda etapa, quando houver mais de uma; em que consistirá a prova prática e como será avaliada; entre outras disposições.

- **Aplicação da prova objetiva.** Essa parte costuma ser bem detalhada, pois traz todas as possíveis ocorrências quando da aplicação da prova. Uma informação bem importante é a sua data, o horário de início e o tempo de duração. Ainda, constarão as seguintes informações: como confirmar a data da prova (edital de convocação ou envio de cartão de convocação, quando for o caso); instruções para correção de dados cadastrais; documentos de identificação aceitos; se haverá coleta da impressão digital; materiais permitidos para realizar a prova; procedimento para as candidatas que amamentam; orientações sobre o cômputo das questões; hipóteses de exclusão do candidato; informações sobre o não comparecimento no dia da prova, atrasos; entre outras informações.

- **Julgamento da prova objetiva.** Nessa parte, como o próprio nome sugere, constarão as orientações para que o candidato possa ter ideia do seu desempenho no certame, pois será possível saber se as questões serão divididas em módulos ou blocos, se possuem o mesmo peso ou se serão atribuídos pesos diferentes conforme a matéria, quais serão os critérios utilizados na correção etc.

- **Aplicação da prova prática.** Constarão todas as informações possíveis sobre as ocorrências do dia da prova, tais como na aplicação da prova objetiva, mas com as necessárias adaptações. Além disso, haverá informações sobre o que e como será cobrado; quem poderá fazer a prova; quais os documentos aceitos para identificação; se possui caráter eliminatório ou classificatório; hipóteses de exclusão do candidato; entre outras.

- **Julgamento da prova prática.** Não será muito diferente do julgamento da prova objetiva. Constarão os pontos a serem avaliados; a pontuação; quais serão as notas atribuídas e em quais casos os candidatos serão considerados aptos etc.

  É interessante salientar que, independentemente das etapas constantes do edital, a estrutura será sempre a mesma, ou seja, se o concurso exigir teste de aptidão física, prova oral, investigação social, entre outras possibilidades, um item trará as orientações e outro tratará do seu julgamento. O primeiro dispõe sobre o que será avaliado, a documentação exigida, as hipóteses de exclusão etc. O segundo explicará o modo como será a avaliação do candidato em termos de pontuação, critérios de desempate, aptidão para a próxima fase, entre outros.

- **Classificação final.** Esse item poderá ser precedido de outro, talvez uma classificação provisória ou algo parecido, pois muitas vezes a classificação final pode depender de questões que ainda não foram resolvidas definitivamente. Serão analisados nesse momento a questão das vagas reservadas para candidatos negros e com deficiência e quais serão os critérios de desempate, entre outras providências.

- **Recursos.** Item de extrema importância, pois a apresentação dos recursos e seu acolhimento pela banca examinadora podem definir os rumos do certame em relação à classificação. É possível apresentar recurso em todas as fases, mas use o bom senso: não cave motivos que não existem para tentar convencer a banca. Por outro lado, se seus motivos forem pertinentes, siga as formalidades do edital e vá em frente. Algumas bancas recebem os recursos pelo próprio *site* com *link* específico para essa finalidade; outras trabalham com a apresentação de recursos cujos modelos seguem no edital. Lembre-se de que todos os requisitos devem ser observados com muita atenção! Você não vai querer que seu recurso seja negado porque não seguiu as orientações da banca, certo?!

- **Inspeção médica.** Verifica a aptidão física e mental do candidato para o exercício de suas atribuições. Em geral, são exigidos exames considerados de rotina para atestar a boa saúde. Em alguns casos, os candidatos podem ser submetidos a exames por médicos e dentistas.

- **Disposições finais.** Como o nome sugere, são as últimas disposições, aquelas que não se encaixaram em algum item anterior, mas que são tão importantes quanto as demais. Podem reforçar orientações de itens anteriores ou trazer novas, por exemplo, onde buscar informações sobre o certame depois de determinada etapa, questões sobre nomeações e local de trabalho.

- **Cronogramas.** Geralmente, estão no final do edital. Podem e devem ser deixados em local de destaque, preferencialmente na sua mesa de estudos ou em um lugar de fácil acesso, para não perder de vista nenhum prazo importante.

- **Modelos.** Alguns editais tratam como anexo, mas, independentemente do nome, o importante é seu conteúdo. Em geral, são modelos de declarações, pedidos e recursos. Como exemplo, podemos mencionar o pedido de isenção de taxa de inscrição; a declaração de candidato negro; enfim, recursos de vários tipos, dependendo do que se recorre.

- **Conteúdo programático.** Fique atento, pois algumas vezes está inserido no anexo e divide espaço com os modelos e cronogramas. É um grande aliado para montar sua grade de estudos. O ideal é que você inicie seus estudos antes da publicação do edital. Nesse caso, para montar uma grade eficiente, é utilizado o edital anterior – como veremos mais à frente. Porém, com o conteúdo programático do seu concurso em mãos, é possível saber se é necessário adaptar seus estudos ao novo edital ou se seu planejamento está de acordo com o que será cobrado na prova. Por esse motivo, é importante confirmar se sua forma de estudar está caminhando de acordo com a meta traçada ou se será preciso modificar alguma coisa.

Como foi dito, esses itens são exemplificativos e talvez não coincidam por completo com o edital do concurso que você irá prestar. Isso acontece porque existem concursos mais complexos e com mais fases, que exigem um edital mais extenso para prever as inúmeras ocorrências. Basta ter em mente que, se há um quesito a ser avaliado, obrigatoriamente existirão orientações para a aplicação da prova e para o seu julgamento. Então, qualquer dúvida sobre o concurso, busque a resposta no edital!

Agora que você já conhece a importância do edital, reserve um tempo para sua leitura quando for publicado e volte a consultá-lo quantas vezes forem necessárias para tirar dúvidas ou verificar os requisitos a serem observados em cada etapa.

ATENÇÃO! A leitura do edital com caneta marca-texto pode ser um diferencial. Aproveite e destaque as informações mais relevantes e todos os prazos, para não perder nenhum.

Exemplo de marcação de edital:

> 7.3 Na data provável de **11 de julho de 2013**, será publicado no *Diário Oficial da União* edital que informará a disponibilização da consulta aos locais e ao horário de realização das provas.
> 7.3.1 O candidato deverá, **obrigatoriamente**, acessar o endereço eletrônico http://www.cespe.unb.br/concursos/dpf_12_escrivao para verificar o seu local de provas, por meio de busca individual, devendo, para tanto, informar os dados solicitados.
> 7.3.2 São de responsabilidade exclusiva do candidato a identificação correta de seu local de realização das provas e o comparecimento no horário determinado.
> 7.3.3 O CESPE/UnB poderá enviar, como complemento às informações citadas no subitem anterior, comunicação pessoal dirigida ao candidato, por *e-mail*, sendo de sua exclusiva responsabilidade a manutenção/atualização de seu correio eletrônico, o que não o desobriga do dever de observar o edital a ser publicado, consoante o que dispõe o subitem 7.3 deste edital.
> 7.3.4 O candidato somente poderá realizar as provas no local designado pelo CESPE/UnB.
> 7.4 O resultado final na prova objetiva e o resultado provisório na prova discursiva serão publicados, em edital, no *Diário Oficial da União* e divulgados na Internet, no endereço eletrônico http://www.cespe.unb.br/concursos/dpf_12_escrivao, na data provável de **12 de agosto de 2013**.

Requisitos básicos – O que todo mundo deve ter, independentemente do concurso?

Não importa quantos concursos você faça na vida, algumas coisas serão sempre iguais, por exemplo, os requisitos básicos para inscrição:

- nacionalidade brasileira;
- idade;
- estar em dia com as obrigações eleitorais;

- se do sexo masculino, estar em dia com as obrigações do serviço militar;
- ter aptidão física e mental para o exercício das atribuições;
- não registrar antecedentes criminais.

> **Nacionalidade brasileira.** Em determinados certames, como o concurso para diplomata, apenas os brasileiros natos podem participar. Portanto, se for estrangeiro, esteja atento a esse item.

> **Idade.** Os concursos, no geral, estabelecem idade mínima de 18 anos para concorrer às vagas. Em outros, é possível encontrar o estabelecimento de idade máxima para o ingresso na carreira. Ambos se justificam: o primeiro caso porque coincide com a capacidade plena do cidadão de ter direitos e obrigações; o segundo, porque, em algumas carreiras, existe um desgaste físico maior, ou mesmo implicações relacionadas à aposentadoria.

> **Obrigações eleitorais.** Aqueles que desejam fazer provas de concursos públicos devem estar atentos para essas obrigações, pois são exigidas em todos os concursos. Visa verificar se o candidato está em situação regular junto à Justiça Eleitoral.

> **Obrigações do serviço militar.** Da mesma maneira, para os candidatos do sexo masculino, é exigida a quitação ou a dispensa do serviço militar.

> **Aptidão física e mental para o exercício das atribuições.** Trata-se de cautela necessária para verificar se o candidato possui boas condições de saúde física e mental para o ingresso na carreira e para o desempenho de suas atividades.

> **Não registrar antecedentes criminais.** Esse requisito está relacionado ao comportamento social do candidato.

Requisitos particulares – Alguns concursos exigem mais?

É possível que, em sua vida de concurseiro, se depare com editais extremamente minuciosos. A verdade é que alguns concursos exigem muito mais requisitos porque a carreira assim o pede. Tenha em mente que a banca examinadora não age por capricho, apenas impõe condições exigidas pela Administração Pública para determinado cargo. Faz parte do processo de entregar aos quadros públicos um candidato que possua conhecimento técnico suficiente e condições físicas, emocionais e psicológicas para ser considerado apto e desempenhar suas atividades.

Cada cargo tem suas especificidades. Assim, alguns podem exigir mais ou menos requisitos que outros, por causa da atividade a ser desenvolvida em determinada área. Portanto, algumas carreiras demandam maior responsabilidade e conhecimento técnico específico.

A seguir, exemplos de requisitos específicos de alguns concursos públicos:

♦ **Concurso para juiz substituto do TJ/SP**[5]

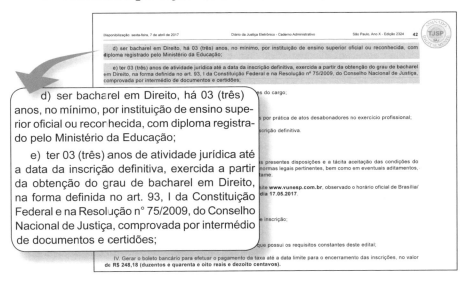

---

[5] Disponível em: <https://documento.vunesp.com.br/documento/stream/NDEzMzQ%3d>. Acesso em: 07.08.2017.

♦ **Concurso para vários cargos do Banco do Brasil**[6]

2.1 – CARGO: AUXILIAR DE ENFERMAGEM DO TRABALHO.
Remuneração Inicial: R$ 3.673,08 (três mil, seiscentos e setenta e três reais e oito centavos).
Requisitos Básicos: certificado de conclusão ou diploma de curso técnico de nível médio ou de qualificação de Auxiliar de Enfermagem do Trabalho, expedido por instituição de ensino reconhecida pelo Ministério da Educação, Secretarias ou Conselhos Estaduais de Educação. Registro no Conselho Regional de Enfermagem.
Jornada de Trabalho: 40 horas semanais.
2.2 – CARGO: TÉCNICO DE SEGURANÇA DO TRABALHO.
Remuneração Inicial: R$ 4.748,23 (quatro mil, setecentos e quarenta e oito reais e vinte e três centavos).
Requisitos Básicos: certificado de conclusão ou diploma de curso técnico de nível médio de Segurança do Trabalho, expedido por instituição de ensino reconhecida pelo Ministério da Educação, Secretarias ou Conselhos Estaduais de Educação. Registro Profissional expedido pelo Ministério do Trabalho e Emprego.
Jornada de Trabalho: 40 horas semanais.
2.3 – CARGO: ENFERMEIRO DO TRABALHO.
Remuneração Inicial: R$ 5.713,68 (cinco mil, setecentos e treze reais e sessenta e oito centavos).
Requisitos Básicos: certificado de conclusão ou diploma, devidamente registrado, de curso de graduação de nível superior em Enfermagem, possuir diploma ou certificado de conclusão de curso de especialização em Enfermagem do Trabalho, em nível de pós-graduação, reconhecidos pelo Ministério da Educação (MEC). Registro no Conselho Regional de Enfermagem.
Jornada de Trabalho: 40 horas semanais
2.4 – CARGO: ENGENHEIRO DE SEGURANÇA DO TRABALHO.
Remuneração Inicial: R$ 8.707,19 (oito mil, setecentos e sete reais e dezenove centavos).
Requisitos Básicos: certificado de conclusão ou diploma, devidamente registrado, de curso de graduação de nível superior em Engenharia, ou em Arquitetura, e diploma ou certificado de conclusão de curso de especialização em Engenharia de Segurança do Trabalho, nível de pós-graduação *Lato Sensu*, fornecidos por instituição de ensino reconhecida pelo Ministério da Educação (MEC). Registro no respectivo Conselho.
Jornada de Trabalho: 40 horas semanais.

---

[6] Disponível em: <http://www.cesgranrio.org.br/concursos/evento.aspx?id=bb0114>. Acesso em: 07.08.2017.

Cap. 1 ★ O QUE É CONCURSO PÚBLICO – DA PREVISÃO À PUBLICAÇÃO DO EDITAL

◆ Concurso para vários cargos da Polícia Federal[7]

> **2.1.3 CARGO 3: ASSISTENTE SOCIAL – CLASSE A, PADRÃO I**
> 2.1.3.1 REQUISITO: diploma, devidamente registrado, de conclusão de curso superior de bacharelado em Serviço Social, em nível de graduação, fornecido por instituição de ensino reconhecida pelo MEC, e inscrição no Conselho Regional de Serviço Social.
> 2.1.3.2 ATRIBUIÇÕES: realização de atividades de execução qualificada, sob supervisão superior, de trabalhos relacionados com o desenvolvimento, diagnóstico e tratamento dos servidores do órgão em seus aspectos sociais.
> 2.1.3.3 REMUNERAÇÃO: R$ 4.039,32 (vencimento básico de R$ 2.153,72 + valor mínimo da GDATPF de R$ 1.885,60, sendo o valor da GDATPF variável de R$ 1.885,60 a R$ 2.357,00, dependendo da avaliação de desempenho do servidor)
> 2.1.3.4 JORNADA DE TRABALHO: 40 horas semanais.
> **2.1.4 CARGO 4: CONTADOR – CLASSE A, PADRÃO I**
> 2.1.4.1 REQUISITO: diploma, devidamente registrado, de conclusão de curso superior de bacharelado em Ciências Contábeis e (ou) Ciências Atuariais, em nível de graduação, fornecido por instituição de ensino reconhecida pelo MEC, e inscrição no Conselho Regional de Contabilidade.
> 2.1.4.2 ATRIBUIÇÕES: realização de atividades de supervisão, coordenação ou execução em grau de maior

2.1.4 CARGO 4: CONTADOR – CLASSE A, PADRÃO I

2.1.4.1 REQUISITO: diploma, devidamente registrado, de conclusão de curso superior de bacharelado em Ciências Contábeis e (ou) Ciências Atuariais, em nível de graduação, fornecido por instituição de ensino reconhecida pelo MEC, e inscrição no Conselho Regional de Contabilidade.

> **2.2 NÍVEL INTERMEDIÁRIO**
> **2.2.1 CARGO 9: AGENTE ADMINISTRATIVO – CLASSE A, PADRÃO I**
> 2.2.1.1 REQUISITO: Certificado, devidamente registrado, de conclusão de curso de ensino médio (antigo segundo grau), expedido por instituição de ensino reconhecida pelo MEC.
> 2.2.1.2 ATRIBUIÇÕES: realização de atividades de nível médio, de grande complexidade, envolvendo a apresentação de solução para situações novas, a necessidade de constantes contatos com autoridades de

2.2.1 CARGO 9: AGENTE ADMINISTRATIVO – CLASSE A, PADRÃO I

2.2.1.1 REQUISITO: Certificado, devidamente registrado, de conclusão de curso de ensino médio (antigo segundo grau), expedido por instituição de ensino reconhecida pelo MEC.

Nos próximos capítulos, você conhecerá algumas das principais carreiras públicas. Escolha a sua e comece sua preparação!

---

[7] Disponível em: <http://www.cespe.unb.br/concursos/DPF_13_ADMINISTRATIVO/arquivos/ED_1_2013_DPF_ADMINISTRATIVO___ABERTURA.PDF> Acesso em: 07.08.2017.

CAPÍTULO 2

O PERFIL DO CONCURSEIRO

Sumário: 2.1. Quem são os concurseiros: Iniciantes; Os que buscam mudança de vida; Veteranos – 2.2. Características pessoais do concurseiro – 2.3. Como se preparar para um concurso público: Rotina do concurseiro; Vida social; Abdicações – 2.4. Vida de servidor público – 2.5. O que esperar dessa experiência.

2.1. QUEM SÃO OS CONCURSEIROS

Se você é novo na área de concursos públicos, provavelmente irá conhecer muitos outros concurseiros. São pessoas das mais diversas faixas etárias que optaram por tomar esse rumo por razões bastante distintas. Há quem acabou de concluir o ensino médio ou um curso superior e quer prestar concurso. Há pessoas que já têm uma carreira consolidada há anos e desejam ingressar nesse universo como um desafio ou uma garantia. Há outras que perderam o emprego e estão à procura de uma carreira mais estável. Enfim, há diversas razões que levam as pessoas a prestar concurso. Observe alguns casos e veja se você se encaixa em um deles.

Iniciantes

Aqueles que de uma hora para outra decidem prestar algum concurso, influenciados por amigos, familiares, salários atrativos, pela estabilidade etc., ou seja, quem nunca fez planos para ser concurseiro. Geralmente, são pessoas que não sabem muito sobre concursos e se sentem perdidas sobre o que fazer.

É o seu perfil? Se sim, significa que terá um longo caminho a percorrer, e sua preparação será fundamental para obter sucesso. Nesses casos, o candidato precisará "começar do zero", refletir e se informar sobre todos os detalhes possíveis, como:

- a carreira que deseja seguir;
- as informações sobre essa carreira e a instituição empregadora;
- o estilo de trabalho que essa carreira exige (você se vê fazendo as atividades e os trabalhos envolvidos nessa área?);
- o(s) tipo(s) de prova que irá enfrentar;
- as matérias que são cobradas na prova;
- a rotina de um concurseiro.

Para que tenha ideia de como é o universo dos concursos públicos, veja alguns dados[1] referentes aos candidatos aprovados no concurso de Analista de Finanças e Controle (cargo de nível superior) da Controladoria-Geral da União, em 2008. Essa pesquisa foi realizada pela Associação Nacional dos Auditores Federais de Controle Interno (Anafic), em 2008 (de lá para cá, a procura por concursos públicos aumentou – de 2016 para 2017, por exemplo, o crescimento foi de 30%).[2]

Dados:
a) tempo médio de estudo semanal: entre 29,6 e 35,4 horas líquidas;
b) 4% dos aprovados nunca haviam prestado concurso público antes;
c) 77% dos aprovados já haviam estudado em cursos preparatórios para concursos públicos;
d) tempo médio de estudo até obter a aprovação: entre 17,7 e 22,7 meses (o candidato aprovado que tinha filhos estudou para concursos, em média, 7,5 meses a mais que o candidato sem filhos).

Então, caso você tenha se identificado, comece o quanto antes a se organizar para os estudos.

DICA! Para buscar informações sobre as carreiras, utilize todos os meios disponíveis, como jornais, *sites* e livros especializados.

---

[1] Dados disponíveis em: <https://www.portalgsti.com.br/2013/09/o-perfil-do-concurseiro.html>. Acesso em: 29.08.2017.
[2] Disponível em: <http://economia.estadao.com.br/noticias/geral,procura-por-concursos--publicos-cresce-ate-30,70001653389>. Acesso em: 29.08.2017.

Os que buscam mudança de vida

Nesse grupo estão as pessoas que veem nos concursos públicos uma maneira de mudar o estilo de vida, já que estão enfrentando o desemprego, um emprego de que não gosta ou até um emprego precário, cujo salário não garante o sustento das necessidades básicas. São aqueles, também, que desejam mudar de ocupação e dar uma guinada na vida profissional, e enxergam as carreiras públicas como opção para iniciar uma nova rotina de trabalho.

Não é raro, porém, que pessoas nessa situação sintam medo de mudar – e esse pode ser o seu caso. Por isso, antes de tomar uma decisão e largar sua atual profissão, tenha certeza de que é isso mesmo que deseja. Pesquise muito sobre a carreira que escolheu, leia sobre a rotina de trabalho, tente conversar com pessoas que atuam na área. Se for necessário, procure até ajuda profissional, para saber se tem vocação para o que almeja. Vale tudo para tentar se inteirar do assunto e acertar na decisão!

Pode parecer exagero, mas, quando se trata de tentar uma carreira pública, é preciso ter consciência de que passar em um concurso é tarefa difícil, geralmente demorada e que, para isso, será necessário ter muito foco, dedicação e tempo. Então, imagine a situação de levar dois anos para passar em um concurso e, quando assumir o cargo e começar a exercer sua rotina profissional, perceber que aquilo não tem nada a ver com você. Por isso é bom ter essa certeza antes de iniciar sua preparação.

Por outro lado, há situações em que a pessoa já tem plena consciência do que quer, já pesquisou muito sobre a carreira, tem o sonho de mudar de vida, mas tem medo de arriscar, pedir demissão e se dedicar inteiramente aos estudos. Nesses casos, não é preciso largar o emprego: é possível adaptar sua rotina para os estudos. Até porque há concursos que podem ocorrer a cada dois anos, ou talvez mais. Nesse meio-tempo, é necessário manter a disciplina e o foco nos estudos. Por esse motivo, caso esteja trabalhando, nossa sugestão é que continue e, paralelamente, estude. Estude muito!

Se simplesmente quer mudar de vida, mas não sabe para onde ir e que carreira seguir, siga as dicas que demos no item 1, anterior a este.

Veteranos

Por fim, há os veteranos. Candidatos que já prestaram alguns concursos e estão bem familiarizados com todo o universo dos concursos públicos: já sabem a carreira que querem; têm um esquema de estudo que funciona de acordo com o próprio perfil; conhecem muitos macetes para os estudos e provas; enfim, são candidatos que em geral já estão mais bem preparados.

Se você é um veterano em concursos públicos, provavelmente tem consciência sobre as melhores formas de estudar e conhece muitas das dicas que damos por aqui.

Se, porém, está começando agora sua jornada pelos concursos, certamente encontrará muitos veteranos durante o percurso. Pelo fato de já estarem há algum tempo no caminho para a carreira pública, é possível pensar que eles são os concorrentes mais fortes, mas isso não significa necessariamente que eles estão em vantagem em relação aos novatos. Não há uma regra absoluta. O fato é que é necessário ser realista quanto à dificuldade de passar em um concurso e se dedicar para sobressair em meio a esses concorrentes.

DICA! Aproxime-se dos candidatos veteranos. Converse com eles, pois certamente terão muitas dicas a passar. Se você for do tipo que gosta de estudar em grupo, procure aqueles em que haja pessoas que possam passar experiências.

Então, independentemente do perfil de concurseiro em que se encaixe, é preciso ter foco, se preparar e ter em mente que **você terá de se empenhar muito para alcançar o sucesso.**

Isso significa ter de abdicar de algumas coisas para conseguir estudar e se dedicar. Sua rotina terá que ser reorganizada e, fatalmente, precisará arranjar tempo para os estudos.

2.2. CARACTERÍSTICAS PESSOAIS DO CONCURSEIRO

Quais são as características pessoais que um candidato a concurso público deve ter? Ou melhor: será que existem características específicas?

Há um mito de que existe um tipo ideal de concurseiro. A verdade é que não há. Os concurseiros têm as mais diversas histórias pessoais, facilidades e dificuldades, vantagens e desafios. Como dito anteriormente, o caminho para a aprovação em concursos públicos costuma ser longo. Quem vai tomar essa decisão precisa saber disso. Muitas vezes, os candidatos levam anos se preparando até conseguir passar no concurso dos sonhos.

O que é mais importante, e que todos os concurseiros de sucesso têm em comum, são algumas características para conquistar a aprovação: clareza sobre os desafios da vida de quem estuda com esse fim; capacidade de fazer um bom planejamento; foco em um objetivo; persistência e resistência à frustração para não desistir no meio do caminho; e paciência.

a) Clareza sobre os desafios da vida de concurseiro

Esse tema é abordado em diversos pontos deste livro, pois é importante deixar claro que o caminho é possível, porém, difícil. Ter clareza a respeito das dificuldades não quer dizer que deva desanimar, mas, sim, ajustar suas expectativas e traçar uma estratégia para conseguir a aprovação. Pé no chão é importante. Quem entra na vida de concurseiro achando que tudo vai ser um mar de rosas tem muita chance de se frustrar. Quem sabe das dificuldades tem mais chance de se preparar melhor.

b) Planejamento

Os concursos costumam exigir um grande volume de matérias. Além disso, boa parte dos candidatos precisa conciliar o estudo com outras tarefas e obrigações do dia a dia. Mesmo para quem se dedica exclusivamente, é importante ter um cronograma que organize a rotina de estudos e permita monitorar quais matérias precisam de mais atenção. No Capítulo 7 deste livro, disponibilizamos o *planner* de estudos, uma ferramenta que vai ajudar muito na sua organização!

c) Foco em um objetivo

Há muitos tipos de concurso, das mais diversas áreas: de segurança pública, tribunais, bancária, fiscal, entre outras. Muitas vezes, o candidato, por pressa e empolgação, quer se inscrever em todo e qualquer concurso que abre. É importante saber, no entanto, que é praticamente impossível estudar para todas as áreas e matérias com a profundidade necessária para que efetivamente consiga a aprovação.

Tendo isso em vista, é importante traçar bem seu objetivo: escolha os concursos de uma mesma área, com matérias relacionadas entre si, e foque no estudo específico. Assim, a quantidade de matéria a ser estudada fica restrita a uma humanamente possível. O estudo para uma prova é aproveitado na outra, o conhecimento vai sendo acumulado e a aprovação se aproximará consequentemente. Elaboramos um infográfico bastante esclarecedor para ajudá-lo a visualizar as matérias cobradas em cada concurso e montar um plano de ataque, veja no final do livro.

d) Persistência e resistência à frustração

Estas talvez sejam as mais importantes características pessoais de um concurseiro. Se tiver clareza das dificuldades, planejamento e foco, mas deixar de persistir por conta de algumas frustrações, talvez desista a poucos passos da aprovação.

Quem tem um objetivo e insiste na sua busca, aliando conhecimento técnico e equilíbrio emocional, passa. Quem desiste, não.

Há diversas histórias de concurseiros de sucesso que passaram por muitas reprovações antes de chegar ao cargo almejado.

Após a minha formatura no segundo semestre de 2000, a minha primeira aprovação ocorreu aproximadamente um ano depois para o cargo de Defensor Público da União. Em seguida, fui aprovado nos concursos para Defensor Público do Estado do Rio de Janeiro e Procurador do Município do Rio de Janeiro, assumindo o cargo de Procurador em fevereiro de 2002.

Antes da primeira aprovação, e apesar do pouco de tempo de formado, tentei alguns poucos concursos, mas sem sucesso. Esses insucessos apenas me fortaleceram. Como se diz popularmente, nós podemos ver o copo "meio cheio ou meio vazio". Sempre procurei aprender com as dificuldades e, nos concursos, não foi diferente. Assim como ocorre no esporte, não é possível vencer sempre e as derrotas servem de aprendizado.

Após analisar o meu desempenho nessas provas e diagnosticar os meus pontos fracos, procurava intensificar o estudo desses pontos para melhorar o meu desempenho nas futuras provas.

Rafael Oliveira, Procurador do Município do Rio de Janeiro

Sempre estudei para ser Promotor de Justiça. No meio do percurso, vários concursos iam aparecendo. Por influências de terceiros, acabei me deixando levar e me inscrevendo para (rol não exaustivo): escrivão da polícia federal, policial rodoviário federal, analista do MPU etc. Não deu certo. Fui reprovado em todos os que citei e em alguns outros concursos. Decidi, depois de algum amadurecimento, que não sairia da minha rota. Acertei em fazer isso. Parei de prestar concursos por prestar. Decidi prestar para (e até) passar. O foco, portanto, foi fundamental para mim.

Vinícius Marçal, Promotor de Justiça

2.3. COMO SE PREPARAR PARA UM CONCURSO PÚBLICO

Caso esteja tentando descobrir se tem o perfil de um candidato a concurso público, é interessante que entenda a rotina de um concurseiro ou o que pode esperar dessa experiência. Dessa forma, poderá dizer se conseguirá se encaixar nessa rotina ou se até mesmo se vê exercendo um cargo público.

Rotina do concurseiro

Primeiramente, antes de tentar esboçar a rotina de um concurseiro, é necessário fazer uma distinção importante: a realidade de cada candidato é bem individual, e assim será a rotina de estudos de cada um.

> **Cenário 1:**
> - Candidatos que não trabalham – e não vão trabalhar até passar em um concurso;
> - Candidatos que não trabalham, mas estão à procura de um emprego, mesmo que provisório.

Nesse cenário, caso possa se dedicar em tempo integral a um concurso, sem precisar trabalhar, pense em aproveitar ao máximo seu tempo disponível. Busque também estudar um pouco de cada matéria e responder questões de concursos anteriores ou simulados das provas. Mescle as técnicas de estudo para extrair o máximo do conteúdo que se propôs a estudar. Você conseguirá criar uma boa rotina de estudos, incluindo algum momento para atividades extras para se distrair e descansar. Além disso, pense em fazer um curso preparatório para concurso público, pois são excelentes ferramentas para esse momento.

Se estiver provisoriamente sem trabalho, da mesma forma, enquanto puder, aproveite ao máximo seu tempo. Talvez não tenha dinheiro para investir em algum curso preparatório, mas usufrua seu tempo de outras formas, com outros recursos – como falaremos no Capítulo 5.

> **Cenário 2:**
> - Candidatos que trabalham e são solteiros;
> - Candidatos que trabalham e são casados;
> - Candidatos que trabalham e têm filhos;

Dependendo das responsabilidades de cada um, o número de horas disponíveis para estudo muda muito. Uma pessoa casada normalmente tem menos tempo para se dedicar do que uma pessoa solteira, por exemplo. Assim como a parentalidade costuma exigir bastante tempo do candidato. Porém, é claro que isso não é uma regra, cada um tem sua realidade e basta se organizar para se adequar a ela.

Se sua realidade não foi proposta no cenário 1 – você tem já um emprego e ainda assim deseja passar em um concurso público –, por menos disponibilidade de tempo que tenha, precisará reservar algum período do seu dia aos estudos (para um curso preparatório, estudar por conta ou ambos).

Caso consiga reservar, por exemplo, duas horas diariamente para o estudo, elas precisam ser muito bem aproveitadas. Programe-se para estudar também nos finais de semana, mesmo que faça algum curso preparatório para concursos, pois é bom ter um momento em que consiga fixar a matéria e repassá-la.

É preciso saber que, obrigatoriamente, você terá de se dedicar e estudar uma quantidade de horas suficientes toda semana. Caso se questione sobre quantas horas são suficientes para o estudo, é evidente que isso é muito pessoal, mas quanto mais horas, melhor. Porém, mais importante que a quantidade de horas em si é a qualidade dos seus estudos. Então, mesmo que tenha disponível por semana apenas de 5 a 8 horas, esse período precisa ser aproveitado com muito foco.

Vida social

Uma pergunta muito comum que os candidatos a concursos públicos se fazem é em relação à própria vida social: "Será que vou continuar saindo com meus amigos?".

Claro que cada caso é um caso, por isso não cabem generalizações. Porém, é muito comum ouvir relatos de candidatos aprovados que contam que sua vida social reduziu quase a zero, que tiveram de rejeitar convites para festas ou deixaram de se encontrar com tanta frequência com os amigos, tudo para poder estudar. Pode parecer um pouco extremo, mas não é, pois a concorrência para um concurso é realmente grande.

Por isso, quando iniciar a fase de preparação, é muito importante conversar com seu núcleo social (família e amigos) sobre o quão sério é esse momento e o quanto precisará do apoio e da compreensão deles quando rejeitar um convite para um *happy hour* ou uma reunião de família, ou ainda porque terá de se ausentar e não poderá ajudar nas tarefas domésticas.

Se for casado(a), converse com seu marido ou sua esposa sobre a necessidade de ter algum período do dia para se dedicar exclusivamente aos estudos, sem ser interrompido(a). Como diz o ditado, "o combinado não sai caro". Então, tentem chegar a algo que seja bom (ou possível) para todas as partes. Se acertarem os horários de estudo e das tarefas domésticas com antecedência, os atritos podem ser minimizados.

Cap. 2 ★ O PERFIL DO CONCURSEIRO   35

Enfrentei duas dificuldades. A primeira decorrente de minha atividade bancária no Banco do Brasil, que me permitia ter pouco tempo disponível para os estudos. A segunda foi a necessidade de dedicação intensa, o que afetava, às vezes, a interação com meus filhos pequenos na época.

José dos Santos Carvalho Filho,
Procurador de Justiça aposentado

DICA! Reserve um ambiente isolado e silencioso para os estudos. Independentemente se for em casa ou em lugares reservados, como bibliotecas, centros culturais e cabines, o ideal é ter um local sossegado e tranquilo para estudar. Imagine a tensão de ser interrompido a cada instante para pedir silêncio, abaixar o som da televisão ou se distrair com o ir e vir de pessoas e bichinhos de estimação... Isso tornaria seu convívio com as pessoas bem estressante e atrapalharia sua concentração – tudo o que não quer nesse momento de preparo.

Abdicações

Há pesquisas que afirmam que um candidato pode demorar de dois a cinco anos, em média, para passar em um concurso público. Com essa informação, é possível tirar algumas conclusões, por exemplo, de que há uma grande concorrência e que se preparar é fundamental – o que significa abdicar de muitas coisas.

Como dissemos, os candidatos enfrentam as mais diversas realidades. Portanto, caso não precise trabalhar e consiga dedicar-se exclusivamente a um concurso, conseguirá ter um estilo de vida mais equilibrado, investindo seu tempo principalmente nos estudos, mas também poderá manter um *hobby* e os momentos de lazer com amigos e familiares.

A maioria dos candidatos precisa, contudo, conciliar trabalho e estudos. Então, imagine um dia em que passou, em média, 10 horas dedicadas ao trabalho, entre transporte e afazeres. Das 14 horas que restam do seu dia, é preciso tempo para dormir, realizar as atividades básicas (comer, tomar banho etc.) e estudar. Não é difícil deduzir que será necessário traçar prioridades em sua vida e abdicar de algumas tarefas em prol dos estudos.

Para se planejar, comece analisando sua atual rotina e veja quanto tempo é dedicado a atividades extras (como saídas frequentes com amigos, idas à academia, festas de aniversário etc.). Em seguida, veja quais delas podem ser diminuídas. O importante é que encaixe seus estudos de uma maneira que consiga se dedicar de fato a eles.

Conforme o tempo for passando, será possível verificar melhor como adaptar sua rotina. O importante é que faça ajustes em seu dia a dia a fim de não comprometer seus estudos e principalmente sua saúde – o bem-estar físico e emocional é fundamental para obter sucesso.

DICA! Mesmo que tenha o dia inteiro para se dedicar aos estudos, lembre-se de afastar seus dispositivos eletrônicos, pois eles consomem muito tempo e tiram bastante o foco dos estudos.

2.4. VIDA DE SERVIDOR PÚBLICO

Quando as pessoas pensam em uma carreira pública, geralmente vem uma ideia recheada de estereótipos e de senso comum sobre o que é ser funcionário público. Algumas dessas ideias até fazem certo sentido; outras, não.

Como está cogitando ingressar na carreira pública, é possível que já tenha passado em sua cabeça se você se encaixa em um perfil de servidor público. Por isso, é fundamental buscar os prós e contras de trabalhar na iniciativa pública, principalmente porque há diversos tipos de carreira pública com características bem distintas, o que torna difícil a tarefa de comparar vantagens e desvantagens.

> *A carreira pública tem seus pontos negativos e seus pontos positivos. Na Defensoria Pública da União não é diferente. Particularmente, gosto de atividades mais interativas, como audiências, atendimento ao público, visitas a estabelecimentos penais, palestras educativas etc. Mas há, sim, atividades que me entusiasmam menos, como a rotina administrativa e a burocracia documental de órgãos públicos, e também, especialmente eu diria, a quantidade de serviço que prejudica uma atenção maior para cada caso individualmente.*
>
> **Caio Paiva, Defensor Público**

Há cargos, por exemplo, em que as tarefas acabam sendo bem rotineiras e não há muito espaço para inovar ou encarar diferentes desafios. Há outros em que falta infraestrutura para exercer bem as funções diárias, sendo muitas vezes necessário que o funcionário leve seus próprios itens pessoais para poder desempenhar suas tarefas. Há, ainda, aqueles em que não há crescimento em termos profissionais ou de função, somente de salários.

Em contrapartida, os cargos públicos geralmente oferecem estabilidade, em que, salvo exceções, os funcionários não podem ser demitidos; os salários iniciais costumam ser mais altos que os da iniciativa privada; jornadas de trabalho de seis horas diárias para a maioria dos cargos; vários benefícios, por exemplo, a licença-prêmio, em que a cada cinco anos de trabalho o funcionário tem direito a três meses de licença, sem perda do salário; entre outros.

ATENÇÃO! É fundamental conhecer a carreira escolhida, a função a exercer, os direitos, o horário de trabalho e a progressão na carreira.

Consigo utilizar o Direito como instrumento para a transformação da sociedade e da vida das pessoas. Mas também há decepções, especialmente com a má-fé, o descaso e até mesmo com a venalidade de pessoas envolvidas na atividade jurisdicional e na prestação dos serviços públicos em geral.
Cleber Masson, Promotor de Justiça

2.5. O QUE ESPERAR DESSA EXPERIÊNCIA

Se você já considerou todos os prós e contras de prestar um concurso e está decidido que realmente é isso que quer, esteja ciente de que irá vivenciar muitos sentimentos, tanto de satisfação, euforia e bem-estar quanto de frustração, decepção e cansaço.

Os bons sentimentos são derivados de seu esforço e de sua evolução, que será bem notória em vários momentos de sua trajetória. Quando perceber que está adquirindo conhecimento, que consegue compreender aquela matéria difícil, ou quando perceber que é possível se dedicar a algo e manter o foco, ou notar que tem evoluído e já está se saindo bem melhor entre um concurso e outro, terá um sentimento de satisfação.

Por outro lado, às vezes bate um desânimo quando você tem de estudar um conteúdo que considera bem difícil, se não obteve sucesso em alguma fase, quando está muito cansado e mesmo assim precisa estudar, ou se acha que não está evoluindo enquanto seus colegas já estão "quase lá".

Como se manter motivado?

Imaginava assim: Hoje estou bem como escrevente, se eu passar vai ficar melhor ainda, mas nunca pior. Então ia para as provas de cabeça erguida e pronto para o que viesse acontecer.
Fernando Gajardoni, Juiz

É importante, portanto, que você tenha a si como parâmetro, e não os outros. **Compare o seu antes e depois**. Analise o seu percurso e veja o quanto tem evoluído ao longo do tempo. Se em algum aspecto se sentir estagnado, converse com professores, alunos veteranos ou candidatos aprovados para obter dicas. Tente fazer uma autoanálise e alinhar sua rota para voltar a obter resultados cada vez melhores, com o intuito de alcançar a vitória. E, quando ela chegar, verá que todo esforço, cansaço e dedicação valeram a pena.

A **ansiedade** é, provavelmente, a sensação que aflige a maioria dos candidatos a concursos públicos, chegando muitas vezes a atrapalhar a concentração durante os estudos ou até mesmo na hora da prova. A Organização Mundial da Saúde (OMS) estima que 9,3%[3] dos brasileiros sofrem com algum transtorno de ansiedade, que pode ser definido como o sofrimento por "antecipação de ameaça futura".[4] Dependendo do grau em que ela acomete uma pessoa, a ansiedade pode ser diagnosticada como uma patologia, conforme descrito pelo *Manual Diagnóstico e Estatístico de Transtornos Mentais:*[5]

"Várias características distinguem o transtorno de ansiedade generalizada da ansiedade não patológica. Primeiro, as preocupações associadas ao transtorno de ansiedade generalizada são excessivas e geralmente interferem de forma significativa no funcionamento psicossocial, enquanto as preocupações da vida diária não são excessivas e são percebidas como mais manejáveis, podendo ser adiadas quando surgem questões mais prementes. Segundo, as preocupações associadas ao transtorno de ansiedade generalizada são mais disseminadas, intensas e angustiantes; têm maior duração; e frequentemente ocorrem sem precipitantes. Quanto maior a variação das circunstâncias de vida sobre as quais a pessoa se preocupa (p. ex., finanças, segurança dos filhos, desempenho no trabalho), mais provavelmente seus

---

[3]   Dados de 2017.

[4]   American Psychiatric Association. *Manual Diagnóstico e Estatístico de Transtornos Mentais.* Porto Alegre: Artmed, 2013. p. 189.

[5]   American Psychiatric Association. *Manual Diagnóstico e Estatístico de Transtornos Mentais.* Porto Alegre: Artmed, 2013. p. 223.

sintomas satisfazem os critérios para transtorno de ansiedade generalizada. Terceiro, as preocupações diárias são muito menos prováveis de ser acompanhadas por sintomas físicos (p. ex., inquietação ou sensação de estar com os nervos à flor da pele). Os indivíduos com transtorno de ansiedade generalizada relatam sofrimento subjetivo devido à preocupação constante e prejuízo relacionado ao funcionamento social, profissional ou em outras áreas importantes de sua vida. A ansiedade e a preocupação são acompanhadas por pelo menos três dos seguintes sintomas adicionais: inquietação ou sensação de estar com os nervos à flor da pele, fatigabilidade, dificuldade de concentrar-se ou sensações de 'branco' na mente, irritabilidade, tensão muscular, perturbação do sono [...]."

Por isso, é bom ficar atento aos sintomas e, caso perceba que a ansiedade está atrapalhando seu desempenho e sua rotina, procure ajuda de um profissional.

CAPÍTULO 3

CARREIRAS

Sumário: 3.1. O que é uma carreira – 3.2. Como as carreiras se dividem e quais as características de cada uma: Nível médio; Bancária; Segurança Pública; Fiscal; Jurídica – 3.3. Como escolher a carreira – O que levar em consideração na escolha: Formação; Perfil; Aspecto psicológico e emocional; Aspectos físicos; Disponibilidade; Vagas.

3.1. O QUE É UMA CARREIRA

Durante toda a vida, surgem escolhas que devemos fazer entre inúmeras possibilidades, seja na área profissional ou pessoal. Qual curso fazer na faculdade, que carro comprar, onde morar etc. Cada uma dessas escolhas nos leva a trilhar um caminho, em que conhecemos pessoas e adquirimos experiências, que refletem o que somos e como agimos.

A escolha sobre a vida profissional talvez seja uma das mais difíceis, pois provavelmente é por meio dela que conquistamos muitos objetivos: alcançar independência financeira, pagar estudos, adquirir bens materiais, ajudar alguém, viajar ou simplesmente se sentir realizado fazendo algo que gostamos.

O caminho a ser seguido demanda um conhecimento não só do tipo de trabalho a ser feito e os benefícios que vêm com ele; mas também um autoconhecimento. É preciso observar a si próprio, conhecer gostos e dons. Por exemplo, para trabalhar na área da saúde, é importante ter facilidade para lidar com pessoas e suas dificuldades no momento da doença; na área do Direito, é imprescindível estar atento às alterações legislativas para ser um profissional atualizado.

IMPORTANTE! O *Dicionário Houaiss* define carreira como "qualquer profissão [...] que oferece oportunidades de progresso ou em que há promoção hierárquica <*carreira diplomática*> <*carreira militar*> <*carreira de dentista*>". Ou seja, é o caminho a ser trilhado na vida profissional.

A carreira é construída ao longo dos anos, com empenho e dedicação. Alguém que sonha ser médico-cirurgião, por exemplo, escolhe a carreira médica, cursa a faculdade de Medicina, escolhe a área (dermatologia, ortopedia, neurologia, entre tantas outras), faz especialização nessa área, estuda muito, trabalha, pratica por anos, até que se forma cirurgião. Saber o que quer profissionalmente, qual carreira seguir, é o início de uma estrada que pode levá-lo a várias direções, inclusive ao concurso público.

Portanto, se optar por um concurso público, estará inserido em uma carreira pública. Isso quer dizer que seu trabalho e sua vida profissional serão desenvolvidos junto à Administração Pública. Nesse contexto, você deverá escolher em que área e cargo atuará diretamente, pois as vagas que abrem já são direcionadas. Assim, os candidatos se inscrevem para determinada função.

3.2. COMO AS CARREIRAS SE DIVIDEM E QUAIS AS CARACTE-RÍSTICAS DE CADA UMA

As principais carreiras públicas são:

- Nível Médio;
- Bancária;
- Segurança Pública;
- Fiscal;
- Jurídica e diplomática.

Assim como na esfera privada, as carreiras no âmbito público podem ser desenvolvidas em várias áreas. Optar por uma carreira significa que seu trabalho será inteiramente voltado para sua área de atuação. Se uma pessoa passar no concurso público para o cargo de magistrado, só poderá assumir o cargo se apresentar os documentos necessários que atestem que é formada em Direito e está apta a exercer essa função. Se assim provar, terá uma carreira pública junto à Administração, voltada a julgar processos, atender demandas, mediar conflitos etc.

Como vimos no exemplo dado, alguns cargos exigem formações específicas – como é o caso também da carreira de Defensor Público, em que é necessário ser advogado –, enquanto em outros cargos é exigida apenas a formação em qualquer curso superior, sem área específica – como a carreira de Auditor-Fiscal do Trabalho.

Exemplos de requisitos básicos:

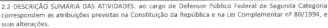

3 DOS REQUISITOS BÁSICOS PARA A INVESTIDURA NO CARGO

3.1 Ser aprovado no concurso público.

3.2 Ter a nacionalidade brasileira ou portuguesa e, no caso de nacionalidade portuguesa, estar amparado pelo estatuto de igualdade entre brasileiros e portugueses, com reconhecimento do gozo dos direitos políticos, nos termos do § 1º do art. 12 da Constituição Federal.

3.3 Estar em gozo dos direitos políticos.

3.4 Estar quite com as obrigações militares, em caso de candidato do sexo masculino.

3.5 Estar quite com as obrigações eleitorais.

3.6 Possuir diploma, devidamente registrado, ou certidão de conclusão de curso de graduação de nível superior de bacharelado em Direito, fornecido por instituição de ensino superior reconhecida pelo MEC há pelo menos três anos completos.

3.7 Estar inscrito na OAB, ressalvada a situação dos candidatos que exerçam atividade incompatível com a advocacia.

3.8 Ter, no mínimo, a prática de três anos de atividade jurídica, nos termos da Resolução CSDPU nº 118/2015, e suas alterações.

---

[1] Disponível em: <http://www.cespe.unb.br/concursos/DPU_17_DEFENSOR/arquivos/Ed%201%202017%20DPU%2017%20Defensor%20-%20abertura.PDF>. Acesso em: 05.10.2017.

O que queremos deixar claro é que a carreira pública é dinâmica. A ideia de carreira aqui deve ser entendida como algo mais genérico. Preocupe-se, portanto, com o cargo ocupado: é ele que definirá a carreira, e não necessariamente a área de formação do candidato.

---

[2] Disponível em: <http://portal.imprensanacional.gov.br/acervo-dou/2013/jul/01>. Acesso em: 05.10.2017.

Os concursos são realizados de acordo com a necessidade de cada órgão e, como já vimos, estes são criados por leis específicas que dispõem sobre a atuação, a competência, o funcionamento e a sua organização. É importante que você saiba a estrutura do órgão em que deseja trabalhar e também quais serão os limites de sua própria atuação junto à Administração Pública, inclusive seus direitos e deveres.

DICA! Separe um tempo e faça pesquisas na internet em *sites* especializados, dos órgãos a que se pretende candidatar ou das próprias bancas, leia sobre a criação, a missão e os valores da carreira pública que pretende seguir.

Os concursos de âmbito federal estão diretamente ligados à estrutura da União; os estaduais têm sua competência e estrutura ligadas ao estado; e os municipais, aos municípios. Assim, a atuação na carreira está ligada ao ente que a criou – federal, estadual, municipal ou Distrito Federal. Há também as empresas públicas, que são um misto com o privado e estão presentes nas três esferas – federal, estadual e municipal.

Ao estruturar um órgão, o Poder Público delimita a atuação territorial, material e a função a ser exercida por seus servidores, tudo devidamente legalizado, pois a Administração Pública está estritamente vinculada à lei e, portanto, suas ações devem ser sempre em favor da sociedade.

Este é ponto: os órgãos públicos existem para a sociedade – seja na educação, no Judiciário, na saúde ou na política – e atuam por meio dos servidores inseridos em cada uma das carreiras. Então, quando optar por um concurso público, perceba que a sua atividade na carreira pública irá além das suas necessidades pessoais.

A seguir faremos um resumo da estrutura de cada carreira e das principais informações dos cargos nelas oferecidos.

As informações que apresentaremos a seguir são baseadas nos últimos editais, mencionados nas notas de rodapé. Leve isso em consideração antes de escolher sua carreira, pois muitos dos dados apresentados já foram alterados por concursos mais recentes.

Nível médio

A carreira de nível médio está inserida dentro de todas as demais carreiras. Assim, trataremos dessa carreira de forma geral. Ela possibilita ao candidato salários e estabilidade acima da média, mesmo sem a conclusão do ensino superior; engloba diversos cargos, cujo requisito inicial é que o candidato tenha completado o nível médio. Caso você tenha formação superior, além dos concursos dessa carreira, também está apto para prestar concursos de nível superior, com oportunidades mais abrangentes.

> É uma ótima opção para quem está em dúvida sobre qual carreira seguir. Há muitas opções de cargos e áreas em que o candidato pode atuar. São amplas as possibilidades.

Existe ainda a opção de prestar concursos de nível médio mais específicos, que podem pedir requisitos além do certificado de conclusão do ensino médio. Você poderá utilizar o domínio em alguma atividade ou até mesmo algum curso que não necessariamente seja de nível superior. Por exemplo, há concursos para cargos de motorista, em que é requisito ter habilitação específica; ou ainda vagas para quem possui algum curso técnico, seja na área administrativa, de tecnologia da informação ou de saúde, como concursos para os cargos de técnico de segurança do trabalho, técnico em radiologia, técnico de enfermagem ou até técnico em edificações.

A maior quantidade de vagas oferecidas em concursos públicos é nas carreiras de nível médio e o candidato não precisa ficar preocupado se está inserido em uma área com que nunca teve intimidade. A especialidade do cargo pode ser adquirida em cursos de formação, oferecidos pelos órgãos públicos e realizados após a aprovação.

Nesse caso, ao ser aprovado, o candidato já pode realizar o trabalho efetivo, em vez de primeiro concluir algum curso profissionalizante ou a graduação e depois ingressar no mercado de trabalho, como ocorre geralmente. O concurso possibilita o avanço de uma etapa. Muito interessante para quem está concluindo seus estudos e ainda não sabe que carreira seguir.

Exemplificando, a carreira de nível médio abrange os seguintes concursos:

- Agências;
- Autarquias;
- Bancos;
- Empresas públicas;
- Polícia Civil;
- Polícia Federal;
- Polícia Militar;
- Tribunais;
- Prefeituras;
- Educação;
- Saúde;
- entre outros.

Os cargos dentro da carreira de nível médio podem ser:

- Agente;
- Assistente;
- Auxiliar;
- Técnico;
- Escrevente;
- Oficial;
- Escriturário;
- entre outros.

Então, se ainda não concluiu seus estudos, se pensa em mudar de profissão, se está em uma área que não gosta ou que não tem a segurança desejada, talvez um concurso de nível médio seja o ideal para você. A seguir, um exemplo de concurso para nível médio que foi muito concorrido, realizado em 2016.

Exemplo de concurso de nível médio:

Instituto Nacional do Seguro Social – INSS (2015-2016)[3]

> **Cargo:** Técnico do Seguro Social.
>
> **Requisito**: Ensino médio concluído.
>
> **Remuneração:** R$ 4.886,87.
>
> **Vagas:** 800.
>
> **Jornada de trabalho:** 40 horas semanais.
>
> **Disciplinas:**
>
> – **conhecimentos básicos:** ética no serviço público; noções de Direito Constitucional; noções de Direito Administrativo; Língua Portuguesa; raciocínio lógico; noções de Informática.
>
> – **conhecimentos específicos:** Seguridade Social.

Bancária

É muito provável que você tenha ouvido falar sobre as vantagens de trabalhar no Banco do Brasil (BB) ou na Caixa Econômica Federal (CEF), principais órgãos desse tipo de carreira. Essa fama faz com que seja um dos concursos com o maior número de candidatos inscritos a cada publicação de edital. No último concurso da CEF, realizado em 2014, por exemplo, houve 1.156.744 inscritos.[4]

Tal interesse não ocorre por acaso e tem diversas razões. Uma delas é que os cargos estão relacionados a atividades administrativas e financeiras, áreas em que há grande quantidade de profissionais. Outra razão

---

[3] Disponível em: <http://www.cespe.unb.br/concursos/INSS_2015/>. Acesso em: 02.08.2017.

[4] Disponível em: <http://www.cespe.unb.br/concursos/CAIXA_14_NM/arquivos/N__ MERO_DE_INSCRI____ES_POR_POLO..PDF>. Acesso em: 02.08.2017.

é que se trata de um concurso de nível médio que oferece benefícios superiores aos da média nacional, e as matérias e os requisitos exigidos no edital são menos complexos. Assim, grande parte da população está apta a participar dessa seleção. Além disso, geralmente, há nomeação de um grande número de aprovados, pois historicamente houve um aumento no número de abertura de agências bancárias, o que reflete na necessidade de mais funcionários.

O Banco do Brasil e o Banco do Nordeste (BN) são empresas de economia mista; o Banco Central, autarquia; e a Caixa Econômica Federal é uma empresa pública. Como podemos observar, o BB, o BN e a CEF são constituídos como **empresas**. Essa particularidade reflete nos benefícios oferecidos e na forma de contratação do aprovado. O candidato será contratado em regime da CLT, diferentemente de grande parte dos concursos. O fato de um concurso ser regido pela CLT faz com que, em caso de desligamento, este ocorra sem a necessidade de processo administrativo, que é o que caracteriza a estabilidade oferecida nos concursos; por outro lado, há benefícios como FGTS, participação nos lucros e benefícios assistenciais da iniciativa privada.

A seleção para o Banco do Brasil e para a Caixa Econômica Federal costuma abrir vagas para **cadastro reserva**, exclusivamente. Isso ocorre da seguinte forma: são selecionados candidatos aptos a exercer o cargo, há a indicação da quantidade máxima de candidatos que serão considerados habilitados, todos com expectativa de convocação, mas precisarão aguardar a necessidade do órgão para efetivamente serem contratados. O processo transcorre dessa maneira porque incialmente não é possível precisar a quantidade de novos funcionários que serão necessários durante a vigência do certame e, por isso, as empresas podem ter sérios prejuízos.

Além da área administrativa, os bancos oferecem vagas para as chamadas "áreas profissionais", disponíveis para pessoas com algum domínio específico, que exercerão suas atividades de acordo com sua formação, requisito para poder concorrer a esses cargos. Há vagas para advogado, médico, engenheiro e em tecnologia da informação, por exemplo.

Cap. 3 ★ CARREIRAS

Banco do Brasil (2015)[5]

Cargo: Escriturário.
Requisito: Ensino médio concluído.
Remuneração inicial: R$ 2.227,26.
Jornada de trabalho: 30 horas semanais.
Benefícios: possibilidade de ascensão e desenvolvimento profissional; participação nos lucros e resultados, nos termos da legislação pertinente e acordo sindical vigente; vale-transporte; vale-cultura, auxílio-creche; ajuda alimentação/refeição; auxílio a filho com deficiência; plano odontológico; assistência médica (planos de saúde) e previdência privada.
Disciplinas:
- **conhecimentos básicos:** Língua Portuguesa; raciocínio lógico-matemático; atualidades do mercado financeiro.
- **conhecimentos específicos:** cultura organizacional; técnicas de vendas; domínio produtivo da Informática; atendimento; conhecimentos bancários; Língua Inglesa.

Banco Central do Brasil (2013)[6]

Cargo: Técnico.
Requisito: Ensino médio completo.
Remuneração inicial: R$ 5.421,30.
Jornada de trabalho: 40 horas semanais.
Disciplinas:
- **conhecimentos básicos:** Língua Portuguesa; noções de Direito Constitucional; noções de Direito Administrativo; gestão pública; Informática para usuários; raciocínio lógico-quantitativo.
- **conhecimentos específicos:** fundamentos de contabilidade; fundamentos de gestão de pessoas; fundamentos de gestão de recursos materiais.

---

[5] Disponível em: <http://www.cesgranrio.org.br/concursos/evento.aspx?id=bb0115>. Acesso em: 07.08.2017.

[6] Disponível em: <http://www.cespe.unb.br/concursos/BACEN_13_ANALISTA_TECNICO/>. Acesso em: 07.08.2017.

Banco do Nordeste (2014)[7]

Cargo: Analista bancário 1.
Requisito: Ensino médio completo.
Remuneração inicial: R$ 2.043,36.
Jornada de trabalho: 30 horas semanais.
Benefícios: auxílio-refeição; auxílio-cesta de alimentação; auxílio-creche; direitos previstos na Consolidação das Leis do Trabalho (CLT); possibilidade de participação em plano assistencial de saúde e plano de previdência complementar; plano de carreira.
Disciplinas:
– **conhecimentos básicos:** Língua Portuguesa; Matemática; conhecimentos gerais.
– **conhecimentos específicos:** sistema financeiro nacional; operações de crédito bancário; serviços bancários e financeiros; aspectos jurídicos.

Caixa Econômica Federal (2014)[8]

Cargo: Técnico Bancário Novo.
Requisito: Ensino médio completo.
Remuneração inicial: R$ 2.025,00.
Jornada de trabalho: 30 horas semanais.
Benefícios: possibilidade de ascensão e desenvolvimento profissional; assistência médica e previdência privada; auxílio-refeição/alimentação; auxílio-cesta/alimentação; bolsa de estudos; contrato de trabalho regido pela CLT com direito a FGTS; participação nos lucros ou resultados; plano de carreira; programas de preservação da saúde; qualidade de vida e prevenção de acidentes.
Disciplinas:
– **conhecimentos básicos:** Língua Portuguesa; Matemática; raciocínio lógico; atualidades; ética; legislação específica.
– **conhecimentos específicos:** atendimento; conhecimentos bancários.

---

[7] Disponível em: <http://fgvprojetos.fgv.br/sites/fgvprojetos.fgv.br/files/concursos/edital_versao_bnb_2014_05_07.pdf>. Acesso em: 02.08.2017.

[8] Disponível em: <http://www.cespe.unb.br/concursos/CAIXA_14_NM/>. Acesso em: 02.08.2017.

Segurança Pública

Diferentemente das que mostramos anteriormente, a carreira na Segurança Pública é bem mais específica e tem algumas diferenças observadas durante todo o processo seletivo do concurso. Se você deseja seguir essa carreira, é importante que esteja atento a essas particularidades.

O Estado tem o dever de fornecer à sociedade uma estrutura capaz de oferecer estabilidade na segurança pública. O ideal é que toda pessoa possa exercer seu direito de ir e vir. Trata-se de uma atividade presente em diversos locais, pois os servidores dessa carreira podem trabalhar ostensivamente nas ruas – como é o caso da Polícia Militar –, em órgãos públicos e privados, e para prevenir situações de risco, por meio de investigações, que são a principal atividade da Polícia Civil.

Se você deseja seguir essa carreira, saiba que muito provavelmente não ficará limitado a um local de trabalho interno, pois há muitas atividades externas a serem desempenhadas, de acordo com o tipo de necessidade do Poder Público.

Uso de armas e de uniformes

É interessante que você saiba sobre o uso de uniformes e o porte de armas, pois impactarão diretamente na sua rotina de trabalho.

O uso do uniforme serve de identificação, proteção e utilidade, pois a ele ficam presos instrumentos utilizados pelos policiais, como armas de fogo, cassetetes e rádios. Também faz parte da vestimenta o uso de colete à prova de balas. No decorrer do tempo, os materiais utilizados foram modernizados para trazer mais conforto, estrutura e segurança. No caso da Polícia Militar e da Guarda Civil Metropolitana, o uso do uniforme diariamente em serviço é obrigatório, e nas demais corporações o uso geralmente acontece em operações especiais.

O porte e o uso de armas fazem parte da carreira. As armas utilizadas pelos servidores são de propriedade das corporações e cadastradas para controle e identificação. É preciso autodomínio e estrutura emocional para não cometer nenhum excesso em seu uso. O servidor poderá responder judicialmente e até ser condenado criminalmente, caso seja comprovado que fez uso indevido ou que agiu além de seu dever legal, no exercício de suas funções.

Dentro da carreira de Segurança Pública, os principais órgãos são: Polícia Civil, Polícia Militar, Guarda Municipal, Polícia Federal, Polícia Rodoviária Federal, Departamento Penitenciário Nacional (Depen) e Secretarias de Administração Penitenciária (SAP). Os cargos mais comuns são: aluno-oficial, soldado, policial, agente, escrivão, investigador, papiloscopista e delegado.

Cada um desses órgãos possui composição e estrutura características, e também cargos e requisitos distintos, que variam conforme a atividade a ser desempenhada.

■ Polícia Civil e Polícia Militar

As Polícias Civil e Militar estão inseridas na estrutura dos estados. A Polícia Militar atua de forma mais ostensiva nas ruas e visa preservar a ordem pública. Após o concurso de provas e títulos, o candidato deverá participar do curso de formação, que é também uma fase do processo, para que se torne efetivo na carreira. Depois que concluir o curso de formação, o candidato será considerado graduado. A graduação inicial (podemos entender como cargo) é a de Soldado. A partir daí, cumprindo prazos determinados pela corporação, o concursado terá a oportunidade de prestar concursos internos em que poderá conquistar novas promoções.

Existe ainda a Carreira de Oficiais dentro da Polícia Militar. Nesse caso, ao ser aprovado na seleção, o candidato fará parte da Academia da Polícia Militar, sendo admitido como Aluno Oficial do 1º Ano do Curso de Bacharelado em Ciências Policiais de Segurança e Ordem Pública. A diferença é que o concursado irá obter uma graduação de nível superior além do cargo público. Após a conclusão da graduação, o aluno fará estágio e, então, estará apto para receber o título na carreira.

A Polícia Civil tem outra esfera de atuação: exerce a função de polícia judiciária e investigação criminal. A polícia judiciária age na busca da autoria e apura as infrações penais por meio da investigação. Dentro dessa estrutura, cada membro da corporação tem uma função diversa, mas que está ligada ao cumprimento desse dever estabelecido pela lei. Os seus cargos são de Delegado de Polícia Civil, Escrivão, Investigador, Papiloscopista, Perito criminal e Auxiliar de necropsia, entre outros.

Cap. 3 ★ CARREIRAS **57**

Polícia Civil do estado do Mato Grosso (2017)[9]

Cargo: Delegado de Polícia Substituto.
Requisito: Graduação em Direito (em alguns concursos é exigida atividade jurídica).
Remuneração: R$ 19.316,49.
Disciplinas:
– **conhecimentos básicos:** Língua Portuguesa; princípios da Ética e da Filosofia; geografia do Mato Grosso; história política e econômica do Mato Grosso.
– **conhecimentos específicos:** Direito Administrativo; Direito Constitucional; Direito Penal; Direito Processual Penal; legislação complementar.

Polícia Civil do estado do Pará (2016)[10]

Cargo: Investigador.
Requisitos: Graduação em qualquer área + Carteira Nacional de Habilitação válida.
Remuneração: R$ 5.204,05.
Disciplinas:
– **conhecimentos básicos:** Língua Portuguesa; noções de Informática; raciocínio lógico.
– **conhecimentos específicos:** noções de Direito Administrativo; noções de Direito Constitucional; noções de Direito Penal; noções de Direito Processual Penal; legislação especial; noções de Medicina Legal.

Cargo: Escrivão.[11]
Requisito: Graduação de nível superior completo.
Remuneração: R$ 5.204,05.
Disciplinas:
– **conhecimentos básicos:** Língua Portuguesa; noções de Informática; raciocínio lógico.
– **conhecimentos específicos:** noções de Direito Administrativo; noções de Direito Constitucional; noções de Direito Penal; noções de Direito Processual Penal; legislação especial; noções de Medicina Legal.

---

[9] Disponível em: <http://www.cespe.unb.br/concursos/PJC_MT_17_DELEGADO/>. Acesso em: 07.08.2017.
[10] Disponível em: <http://ww5.funcab.org/inicial.asp?id=339>. Acesso em: 07.08.2017.
[11] Disponível em: <http://ww5.funcab.org/inicial.asp?id=339>. Acesso em: 07.08.2017.

Cargo: Papiloscopista.[12]

Requisito: Graduação de nível superior completo.

Remuneração: R$ 5.204,05.

Disciplinas:

- **conhecimentos básicos:** Língua Portuguesa; noções de Informática; raciocínio lógico.

- **conhecimentos específicos:** noções de Direito Administrativo; noções de Direito Constitucional; noções de Direito Penal; noções de Medicina Legal; noções de Identificação; noções básicas de Química.

Polícia Militar do estado de São Paulo (2016)[13]

Cargo: Aluno-Oficial PM.

Requisito: Ensino médio completo.

Remuneração: R$ 2.946,54.

Disciplinas: História; Filosofia; Sociologia; Geografia; Língua Portuguesa; Língua Inglesa ou Espanhola; Matemática; noções de Administração Pública; noções básicas de Informática.

Cargo: Soldado PM de 2ª Classe.[14]

Requisitos: Ensino médio completo + habilitação para condução de veículo motorizado entre as categorias "B" e "E".

Remuneração: R$ 2.992,54.

Disciplinas: Língua Portuguesa; Matemática; conhecimentos gerais; noções básicas de Informática; noções de Administração Pública.

■ Polícia Federal

A Polícia Federal é órgão permanente instituído por lei, atua na esfera federal, apura diversos tipos de infrações, age também para reprimir o trá-

---

[12] Disponível em: <http://ww5.funcab.org/inicial.asp?id=339>. Acesso em: 07.08.2017.

[13] Disponível em: <https://www.vunesp.com.br/PMES1601>. Acesso em: 07.08.2017.

[14] Disponível em: <https://www.vunesp.com.br/PMES1602>. Acesso em: 07.08.2017.

fico de drogas, juntamente com outros órgãos públicos. Exerce atividades nas zonas fronteiriças, na função de polícia aeroportuária e marítima. Sua atuação como polícia judiciária da União é exclusiva.

Cargo: Delegado de Polícia Federal.[15]
Requisito: Graduação em Direito.
Remuneração: R$ 14.037,11.
Disciplinas: Direito Constitucional; Direito Administrativo; Direito Penal; Direito Processual Penal; Criminologia; Direito Civil; Direito Processual Civil; Direito Previdenciário; Direito Financeiro e Tributário; Direito Internacional Público; Direito Empresarial.

Cargo: Agente de Polícia Federal.[16]
Requisito: Graduação em qualquer área.
Remuneração: R$ 7.514,33.
Disciplinas:
Língua Portuguesa; noções de Informática; atualidades; raciocínio lógico; noções de Administração; noções de Contabilidade; noções de Economia; noções de Direito Penal; noções de Direito Processual Penal; noções de Direito Administrativo; noções de Direito Constitucional; legislação especial.

Cargo: Escrivão de Polícia Federal.[17]
Requisito: Graduação em qualquer área.
Remuneração: R$ 7.514,33.
Disciplinas:
Língua Portuguesa; noções de Informática; atualidades; raciocínio lógico; noções de Administração; noções de Direito Penal; noções de Direito Processual Penal; noções de Direito Administrativo; noções de Direito Constitucional; legislação especial; noções de Arquivologia.

---

[15] Disponível em: <http://www.cespe.unb.br/concursos/DPF_12_DELEGADO/>. Acesso em: 07.08.2017.

[16] Disponível em: <http://www.cespe.unb.br/concursos/DPF_12_AGENTE/>. Acesso em: 07.08.2017.

[17] Disponível em: <http://www.cespe.unb.br/concursos/DPF_12_ESCRIVAO/>. Acesso em: 07.08.2017.

■ Polícia Rodoviária Federal

A Polícia Rodoviária Federal pertence ao Ministério da Justiça e exerce o policiamento e a fiscalização nas vias pertencentes à União. Atua ostensivamente nas rodovias federais e visa garantir a fiscalização, a segurança e o salvamento daqueles que utilizam as rodovias em todo o país. O principal cargo é o de Policial Rodoviário Federal e a sua atuação será geralmente externa. É requisito imprescindível para esse cargo a carteira de habilitação de categoria mínima "B", em razão da atuação. Também há opção pela área administrativa para o cargo de Agente Administrativo.

Cargo: Policial Rodoviário Federal.[18]

Requisito: Graduação em qualquer área e Carteira Nacional de Habilitação, categoria mínima "B".

Remuneração: R$ 6.106,81.

Disciplinas:

– **conhecimentos básicos:** Língua Portuguesa; Matemática; noções de Direito Constitucional; ética no serviço público; noções de Informática.

– **conhecimentos específicos:** noções de Direito Administrativo; noções de Direito Penal; noções de Direito Processual Penal; legislação especial; Direitos Humanos e Cidadania; legislação relativa ao DPRF; física aplicada à perícia de acidentes rodoviários.

Cargo: Agente Administrativo.[19]

Requisito: Ensino médio completo.

Remuneração: R$ 2.043,17 + variável de R$ 1.521,60 a R$ 1.902,00, dependendo da avaliação de desempenho do servidor.

Disciplinas:

– **conhecimentos básicos:** Língua Portuguesa; ética e conduta pública; raciocínio lógico.

– **conhecimentos específicos:** noções de Direito Constitucional; noções de Direito Administrativo; noções de Administração; noções de Arquivologia; noções de Informática; legislação relativa à PRF.

---

[18] Disponível em: <http://www.cespe.unb.br/concursos/DPRF_13/>. Acesso em: 07.08.2017.

[19] Disponível em: <http://ww5.funcab.org/inicial.asp?id=257>. Acesso em: 07.08.2017.

■ Departamento Penitenciário Nacional (Depen)

O Departamento Penitenciário Nacional é órgão federal ligado ao Ministério da Justiça. As Secretarias de Administração Penitenciária (SAP) são órgãos estaduais, e ambos atuam no sistema prisional. Prestam atividades de apoio e suporte aos presos ou internados, assim como na preservação da segurança e bem-estar do cidadão dentro do ambiente prisional. Além do cargo de Agente Penitenciário, esse concurso oferece vagas para outros cargos que prestam assistência a pessoas privadas de liberdade: Enfermeiro, Pedagogo, Psicólogo, Farmacêutico, entre outros.

Departamento Penitenciário Nacional (2015)[20]

Cargos: Agente Penitenciário Federal – Área 1.
Requisitos: Ensino médio completo + Carteira Nacional de Habilitação, categoria mínima "B".
Remuneração: R$ 5.403,95.
Disciplinas:
– **conhecimentos básicos:** Língua Portuguesa; atualidades; noções de ética no Serviço Público; noções de Direitos Humanos e Participação Social.
– **conhecimentos complementares:** Lei de Execução Penal; Sistema penitenciário federal; Política Nacional de Atenção Integral à Saúde das Pessoas Privadas de Liberdade no Sistema Prisional; Plano Estratégico de Educação no âmbito do Sistema Prisional; Resoluções do Conselho Nacional de Política Criminal e Penitenciária; Política Nacional de Atenção às Mulheres em Situação de Privação de Liberdade e Egressas do Sistema Prisional.
– **conhecimentos específicos:** noções de Administração Pública; noções de Licitações e Contratos; noções de Processos Licitatórios; noções de Administração Financeira e Orçamentária; noções de Gestão de Pessoas.

Fiscal

A Constituição Federal estabelece que os Entes da Federação – a União, os estados, os municípios e o Distrito Federal – possuem competência para instituir tributos e lista quais são em seu texto. Em paralelo, há a obrigatoriedade de as pessoas físicas e jurídicas pagarem os impostos devidos, ao se encaixarem em alguma situação determinada pela lei.

---

[20] Disponível em: <http://www.cespe.unb.br/concursos/DEPEN_15/>. Acesso em: 07.08.2017.

Durante todo o ano de 2016, o Brasil arrecadou R$ 2.004.536.531.089,31 (dois trilhões, quatro bilhões, quinhentos e trinta e seis milhões, oitenta e nove mil e trinta e um centavos).[21] É um dos países com maior carga tributária no mundo.

Para que seja realizada de forma eficaz, a fiscalização tributária é realizada por servidores públicos contratados por meio de concurso público. Sendo assim, os servidores dessa carreira são os profissionais aptos a fiscalizar e fazer cumprir a exigência do pagamento dos impostos devidos, e também têm o poder, investido pela lei, de fazer a cobrança ao devedor.

A arrecadação de impostos não pode ser negligenciada, pois é o mecanismo destinado a fazer a máquina do Estado funcionar. O valor arrecadado deve se voltar em contraprestação para o cidadão, nas áreas da saúde, segurança, moradia, educação, financeira etc. Sendo assim, se ocorrer fraude na arrecadação dos tributos, os próprios contribuintes serão lesados por aqueles que não cumprem suas obrigações.

Principais órgãos fiscais

A Receita Federal, o Ministério do Trabalho e Emprego, as Fazendas estaduais, as Fazendas municipais, o Tribunal de Contas da União e dos estados com seus respectivos servidores: auditores, analistas e técnicos fazem parte desta carreira.

As principais atribuições do **auditor, na carreira da Receita Federal**, são: a constituição do lançamento do crédito tributário, atuar no processo administrativo fiscal, orientar o contribuinte, executar a fiscalização no âmbito federal, exercer a contabilidade de contribuintes pessoas físicas ou jurídicas e atividades de supervisão. As atividades realizadas nas Fazendas estaduais e municipais são semelhantes, mas podem variar de acordo com os estados e municípios, que disporão em leis próprias as especificações da carreira.

O **auditor-fiscal do trabalho**, pertencente ao Ministério do Trabalho e Emprego, deve exercer as seguintes funções: verificar os requisitos a serem cumpridos no âmbito das empresas, em atividades relacionadas à segurança e medicina do trabalho e emprego, verificar registros de trabalhadores e o recolhimento do FGTS, assegurar a efetividade de acordos,

---

[21] Disponível em: <https://impostometro.com.br/>. Acesso em: 07.08.2017.

tratados e convenções internacionais de que o Brasil faça parte, verificar a contabilidade de empresas e lavrar de auto de apreensão de documentos e qualquer outro material em que possa haver irregularidades.

No **Tribunal de Contas da União**, as atividades dos **auditores** e **técnicos** estão relacionadas ao que o ente está fazendo com o dinheiro arrecadado. Já não se dá na esfera do contribuinte, mas sim na fiscalização do encaminhamento e na utilização do dinheiro arrecadado. O auditor examina a legalidade da administração dos recursos arrecadados e tem habilitação para planejar, coordenar e executar ações em busca da efetividade e eficiência do órgão. O cargo de técnico executa atividades de apoio técnico-administrativo necessários ao desenvolvimento de atividades no âmbito do tribunal.

As atividades dessa carreira podem ser exercidas tanto interna quanto externamente. O dia a dia varia de acordo com o local em que o servidor irá trabalhar. É importante saber que nos concursos federais, ao participar do certame, não é possível escolher o local de trabalho ou a região, por isso os melhores locais estarão disponíveis para os candidatos que obtiverem a melhor colocação.

> Eu trabalho na Receita Federal, que é um órgão com uma variedade imensa de atribuições. Eu gosto de escrever, ler, estudar; gosto de trabalhar em ambiente calmo, silencioso; gosto mais de lucubrações teóricas do que de lidar com situações práticas. Assim, fui trabalhar, na Receita Federal, na área que seria mais próxima de algo como um "setor jurídico"; eu trabalho escrevendo pareceres, interpretações da legislação tributária, decidindo alguns recursos administrativos, enfim, trabalho basicamente lendo e escrevendo. Mas, só para citar um exemplo quase oposto ao meu, um servidor que trabalhe na área de repressão ao descaminho e ao contrabando, também na Receita Federal, terá um dia a dia bastante agitado, com operações em campo, barreiras em rodovias, apreensões de mercadorias. Em suma, o cotidiano de qualquer funcionário público dependerá das atividades específicas que ele desenvolve no exercício do seu cargo, não vejo como estabelecer algum "padrão geral". A bem da verdade, é o mesmo que ocorre na iniciativa privada, nesse ponto, não há diferença.
>
> **Marcelo Alexandrino, Auditor-fiscal da Receita Federal**

A preparação deve ser bem planejada, isto porque as disciplinas exigidas nesse concurso não são muito comuns e estão mais relacionadas à atividade a ser realizada no dia a dia. Sendo assim, o candidato precisa de tempo para estudar todo o conteúdo cobrado no edital. Além de matérias como Português e Matemática, há também muita legislação e exatas, como contabilidade e estatística. As provas costumam ser bem aprofundadas e exigem do candidato um bom conhecimento, razão pela qual as provas objetivas são realizadas em mais de um dia. A remuneração e os benefícios fazem todo esse esforço valer a pena.

Exemplos de cargos nas áreas fiscais:

Receita Federal

Cargo: Auditor-fiscal (2014).[22]
Requisito: Graduação em qualquer área.
Remuneração: R$ 14.965,44.
Disciplinas:
– **conhecimentos gerais (básicos):** Língua Portuguesa; Língua Espanhola ou Inglesa; raciocínio lógico-quantitativo; Administração Geral e Pública; Direito Constitucional; Direito Administrativo.
– **conhecimentos específicos:** Direito Tributário; Auditoria; Contabilidade Geral e Avançada; legislação tributária; Comércio Internacional e legislação aduaneira.

Cargo: Analista tributário da Receita Federal do Brasil (2012).[23]
Requisito: Graduação em qualquer área.
Remuneração: R$ 7.996,07.
Disciplinas:
– **conhecimentos gerais:** Língua Portuguesa; Língua Espanhola ou Inglesa; raciocínio lógico-quantitativo; Direito Constitucional e Administrativo; Administração Geral.
– **conhecimentos específicos – geral:** Direito Tributário; Contabilidade Geral; legislação tributária e aduaneira.
– **conhecimentos específicos – informática:** Direito Tributário; Contabilidade Geral; Informática.

---

[22] Disponível em: <http://www.esaf.fazenda.gov.br/assuntos/concursos_publicos/encerrados/2014/procurador-da-fazenda-nacional-pfn>. Acesso em: 07.08.2017.

[23] Disponível em: <http://www.esaf.fazenda.gov.br/assuntos/concursos_publicos/em-andamento-1/atrfb/edital-23.pdf>. Acesso em: 07.08.2017.

Ministério do Trabalho e Emprego (2013)[24]

> **Cargo:** Auditor-fiscal do Trabalho.
> **Requisito:** Graduação em qualquer área.
> **Remuneração:** R$ 14.280,00.
> **Disciplinas:**
> - **conhecimentos básicos:** Língua Portuguesa; raciocínio lógico; Direitos Humanos; Administração Geral e Pública; noções de Informática.
> - **conhecimentos específicos:** Direito Constitucional; Direito Administrativo; Auditoria; Economia do Trabalho; Direito do Trabalho; Seguridade Social; legislação previdenciária; Segurança e Saúde no Trabalho; legislação do Trabalho; Contabilidade Geral.

Prefeitura do município de São Paulo (2014)[25]

> **Cargo:** Auditor-fiscal Tributário Municipal I.
> **Requisito:** Curso superior de graduação.
> **Remuneração:** R$ 2.243,46 + até R$ 6.306,41 + até R$ 5.381,47 (gratificações).
> **Disciplinas:**
> - **conhecimentos básicos:** Língua Portuguesa; Matemática; Estatística; raciocínio lógico; Direito Tributário.
> - **conhecimentos específicos:** legislação tributária municipal; Direito Constitucional; Direito Administrativo; Direito Privado e Penal; Administração Pública; Economia e Finanças Públicas; Auditoria; Informática Básica; Contabilidade Geral; Contabilidade aplicada ao Setor Público.

---

[24] Disponível em: <http://www.cespe.unb.br/concursos/MTE_2013/arquivos/ED_1_MTE__2013_ABERTURA.PDF>. Acesso em: 07.08.2017.

[25] Disponível em: <http://www.cetroconcursos.org.br/Projetos/9cd3791912b6f-511d8877210a0adcf52.pdf>. Acesso em: 07.08.2017.

Tribunal de Contas da União (2015)[26]

> **Cargo:** Auditor federal de controle externo.
>
> **Requisitos:** Curso de nível superior ou habilitação legal equivalente em qualquer área de formação.
>
> **Remuneração:** R$ 14.078,66.
>
> **Disciplinas:**
>
> - **conhecimentos gerais:** Língua Portuguesa: Língua Inglesa; raciocínio analítico; Matemática Financeira; noções de Estatística; Controle Externo; Direito Constitucional; Direito Administrativo; Direito Civil; Direito Processual Civil; Direito Penal; Auditoria Governamental; Análise de Informações.
>
> - **conhecimentos específicos:** noções de Economia do Setor Público e da Regulação; Contabilidade; Administração Financeira e Orçamentária; Administração Pública.

> **Cargo:** Técnico federal de controle externo (2015).[27]
>
> **Requisito:** Ensino médio completo.
>
> **Remuneração:** R$ 7.938,36.
>
> **Disciplinas:**
>
> - **conhecimentos básicos:** Língua Portuguesa; Direito Constitucional; noções de Informática; atualidades.
>
> - **conhecimentos específicos:** Direito Administrativo; Execução Orçamentária e Financeira; Controle Externo; noções de Administração.

Jurídica e diplomática

Na carreira jurídica, encontra-se a maior variedade de vagas em concursos públicos. Ela abarca a maior quantidade de órgãos, espalhados por todas as regiões. Há oportunidades específicas nessa área, principalmente para aqueles

---

[26] Disponível em: <http://www.cespe.unb.br/concursos/TCU_15_AUFC/arquivos/TCU_AUDITOR_ABT_ED._6.PDF>. Acesso em: 07.08.2017.

[27] Disponível em: <http://www.cespe.unb.br/concursos/TCU_15_TFCE/arquivos/TCU_T__CNICO_ABT_ED._5.PDF>. Acesso em: 07.08.2017.

que possuem formação em Direito, mas há a oferta de vagas para quem possui graduação em qualquer área, e até mesmo carreiras de nível médio. Também é a área que oferta os maiores salários e benefícios.

No artigo 2º, a Constituição Federal de 1988 estabeleceu como poderes da União: o Legislativo, o Executivo e o Judiciário. Este último tem exclusividade de aplicação e interpretação das leis, de forma a garantir a todas as pessoas o acesso à Justiça e a segurança jurídica ao país.

O Poder Judiciário é composto pelos seguintes órgãos:

- Supremo Tribunal Federal;
- Conselho Nacional de Justiça;
- Superior Tribunal de Justiça;
- Tribunal Superior do Trabalho;
- Tribunais Regionais Federais e Juízes Federais;
- Tribunais e Juízes do Trabalho;
- Tribunais e Juízes Eleitorais;
- Tribunais e Juízes Militares;
- Tribunais e Juízes dos Estados e do Distrito Federal e Territórios.

Há ainda outra divisão, estabelecida pela CF, para alocar esses órgãos organizadamente em uma estrutura dividida em: Justiça Federal, Eleitoral, Trabalhista, Estadual e Militar. Cada um desses órgãos está alocado em uma esfera da Justiça, de acordo com as matérias de sua competência e os limites de sua atuação.

Supremo Tribunal Federal

O Supremo Tribunal Federal é a instância máxima no nosso país. A ele cabe fundamentalmente a guarda da Constituição, de forma que toda a sociedade e a operação da justiça devem estar sobre sua proteção. É superior às demais esferas, composto por onze ministros, nomeados pelo Presidente da República.

Sua atuação se dá no julgamento de conflitos entre a União e os estados, a União e o Distrito Federal, crimes comuns e de responsabilidades, entre outros.

As vagas ofertadas para esse certame são de **analista** e **técnico**.

Supremo Tribunal Federal (2013)

Cargo: Analista judiciário (área judiciária).[28]
Requisito: Graduação em Direito.
Remuneração: R$ 7.506,55.
Disciplinas:
- **conhecimentos básicos:** Língua Portuguesa; Língua Inglesa; noções de Informática; legislação específica; Regimento Interno do STF.
- **conhecimentos específicos:** Direito Constitucional; Direito Administrativo; Direito Penal; Direito Processual Penal; Direito Civil; Direito Processual Civil; Direito Tributário.

Cargo: Analista judiciário (área administrativa).[29]
Requisito: Graduação em qualquer área.
Remuneração: R$ 7.506,55.
Disciplinas:
- **conhecimentos básicos:** Língua Portuguesa; Língua Inglesa; noções de Informática; noções de Direito Constitucional; noções de Direito Administrativo; legislação específica; Regimento Interno do STF.
- **conhecimentos específicos:** Administração Geral; noções de Direito Administrativo; Administração Financeira e Orçamentária; Administração de Recursos Materiais; Gestão de Pessoas.

Cargo: Técnico judiciário (área administrativa).[30]
Requisito: Ensino médio completo.
Remuneração: R$ 4.575,16.
Disciplinas:
- **conhecimentos básicos:** Língua Portuguesa; raciocínio lógico; noções de Informática; Regimento Interno do STF; legislação específica.
- **conhecimentos específicos:** noções de Direito Constitucional; noções de Direito Administrativo; noções de Arquivologia; noções de Administração Geral e Pública.

---

[28] Disponível em: <http://www.cespe.unb.br/concursos/stf_13/arquivos/ED_1_2013_STF_ABERTURA.PDF>. Acesso em: 07.08.2017.

[29] Disponível em: <http://www.cespe.unb.br/concursos/stf_13/arquivos/ED_1_2013_STF_ABERTURA.PDF>. Acesso em: 07.08.2017.

[30] Disponível em: <http://www.cespe.unb.br/concursos/stf_13/arquivos/ED_1_2013_STF_ABERTURA.PDF>. Acesso em: 07.08.2017.

Superior Tribunal de Justiça

Também é órgão superior. Sua principal competência é uniformizar a interpretação da lei federal em todo o Brasil. É composto por, no mínimo, 33 ministros nomeados pelo Presidente da República.

Além disso, deve proceder ao julgamento de crimes comuns e de responsabilidade de autoridades, ao julgamento de recursos em superior instância, conflitos de competência entre tribunais e outras matérias estabelecidas na Constituição.

Há vagas para os cargos de **analista** e **técnico**.

Superior Tribunal de Justiça (2015)

Cargo: Analista judiciário (área administrativa).[31]
Requisito: Graduação em qualquer área.
Remuneração: R$ 8.803,97.
Disciplinas:
- **conhecimentos básicos:** Língua Portuguesa; noções de Direito Constitucional; Regimento Interno do Superior Tribunal de Justiça; noções de Informática; noções de Sustentabilidade.
- **conhecimentos específicos:** noções de Direito Administrativo; Administração Geral e Pública; Administração Financeira e Orçamentária.

Cargo: Técnico judiciário (área administrativa).[32]
Requisito: Ensino médio completo.
Remuneração: R$ 5.365,92.
Disciplinas:
- **conhecimentos básicos:** Língua Portuguesa; noções de Informática; noções de Direito Constitucional; Regimento Interno do Superior Tribunal de Justiça; raciocínio lógico; noções de Sustentabilidade.
- **conhecimentos específicos:** noções de Direito Administrativo; noções de Administração Geral e Pública; noções de Administração Financeira e Orçamentária.

---

[31] Disponível em: <http://www.cespe.unb.br/concursos/STJ_15/arquivos/ED_1_2015_STJ_15_ABERTURA.PDF>. Acesso em: 07.08.2017.

[32] Disponível em: <http://www.cespe.unb.br/concursos/STJ_15/arquivos/ED_1_2015_STJ_15_ABERTURA.PDF>. Acesso em: 07.08.2017.

Justiça Federal

Julga os processos em segunda instância nas causas em que a União, as empresas públicas federais ou as autarquias forem interessadas; ainda, os recursos relativos à sua competência e causas relacionadas a crimes políticos, previdência social, direitos humanos, entre outras matérias da esfera federal. Cada estado e o Distrito Federal constituem uma seção judiciária, que terá sua sede nas capitais; e ainda varas, que terão sua localização estabelecida por lei.

Os Tribunais Regionais Federais centralizam a realização de concursos para essa área, em que são ofertadas vagas para os cargos de **juiz federal** e para os servidores auxiliares da justiça: **analistas** e **técnicos**. De acordo com a estrutura da Justiça Federal, os servidores poderão exercer suas atividades na região escolhida. Por exemplo, o TRF da 3ª Região abrange os estados de São Paulo e do Mato Grosso do Sul e diversos fóruns, divididos por matéria; assim como a sede administrativa e os juizados federais, ou seja, não há um único órgão, por isso há uma grande oferta de vagas.

Os Tribunais Regionais Federais são organizados da seguinte forma:

- Tribunal Regional Federal da 1ª Região (abrange os estados: AC, AM, AP, BA, DF, GO, MA, MG, MT, PA, PI, RO, RR);
- Tribunal Regional Federal da 2ª Região (abrange os estados: ES, RJ);
- Tribunal Regional Federal da 3ª Região (abrange os estados: MS, SP);
- Tribunal Regional Federal da 4ª Região (abrange os estados: PR, RS, SC);
- Tribunal Regional Federal da 5ª Região (abrange os estados: AL, CE, PB, PE, RN, SE).

Tribunal Regional Federal da 2ª Região (2016)[33]

Cargo: Juiz federal substituto.
Requisitos: Graduação em Direito + três anos de atividade jurídica.
Remuneração: R$ 27.500,17.

---

[33] Disponível em: <http://www10.trf2.jus.br/ai/wp-content/uploads/sites/3/2016/05/edital-trf2-edt-2016-00009-de-11-de-novembro-de-2016.pdf>. Acesso em: 07.08.2017.

Disciplinas:
Direito Constitucional; Direito Administrativo; Direito Penal; Direito Processual Penal; Direito Civil; Direito Processual Civil; Direito Previdenciário; Direito Financeiro e Tributário; Direito Ambiental; Direito Internacional Público e Privado; Direito Empresarial; Direito Econômico e de Proteção ao Consumidor; Sociologia do Direito; Psicologia Judiciária; Ética e Estatuto Jurídico da Magistratura Nacional; Filosofia do Direito; Teoria Geral do Direito e da Política.

Tribunal Regional Federal da 2ª Região (2016)[34]

Cargo: Analista judiciário (área judiciária).

Requisito: Graduação em Direito.

Remuneração: R$ 10.119,93.

Disciplinas:

- **conhecimentos básicos:** Língua Portuguesa; raciocínio lógico-matemático; noções de Sustentabilidade e de Acessibilidade.

- **conhecimentos específicos:** Direito Administrativo; Direito Constitucional; Direito Civil; Direito Processual Civil; Direito Penal; Direito Processual Penal; Direito Tributário; Direito Previdenciário; Direito Ambiental.

Cargo: Analista judiciário (área administrativa).[35]

Requisito: Graduação em qualquer área.

Remuneração: R$ 10.119,93.

Disciplinas:

- **conhecimentos básicos:** Língua Portuguesa; raciocínio lógico-matemático; noções de Sustentabilidade e de Acessibilidade.

- **conhecimentos específicos:** noções de Direito Administrativo; noções de Direito Constitucional; noções de Direito Penal; noções de Administração Geral e Pública; noções de Administração Financeira e Orçamentária; noções de Administração de Recursos Materiais; noções de Direito do Trabalho.

---

[34] Disponível em: <https://consulplan.s3.amazonaws.com/concursos/472/1_23112016075734.pdf>. Acesso em: 07.08.2017.

[35] Disponível em: <https://consulplan.s3.amazonaws.com/concursos/472/1_23112016075734.pdf>. Acesso em: 07.08.2017.

> **Cargo:** Técnico judiciário (área administrativa).[36]
> **Requisito:** Ensino médio completo.
> **Remuneração:** R$ 6.167,99.
> **Disciplinas:**
> - **conhecimentos básicos:** Língua Portuguesa; raciocínio lógico; noções de Sustentabilidade e de Acessibilidade.
> - **conhecimentos específicos:** noções de Direito Administrativo; noções de Direito Constitucional; noções de Direito Penal; noções de Direito Processual Civil; noções de Direito Processual Penal; noções de Direito Tributário; noções de Direito Previdenciário.

Justiça do Trabalho

Atua em todas as instâncias no processo e julgamento de causas relativas às relações de trabalho, entre empregados e empregadores, e em conflitos relativos ao direito coletivo do trabalho, em se que discute temas como o exercício do direito de greve, indenizações decorrentes de relações de trabalho, recursos, conflitos envolvendo sindicatos, entre outros. Faz parte de sua estrutura o Tribunal Superior do Trabalho – TST, os Tribunais Regionais do Trabalho e as Varas Trabalhistas.

O TST, com sede em Brasília/DF, atua em todo o território nacional. É órgão de cúpula da Justiça do Trabalho, composto por 27 ministros nomeados pelo Presidente da República. A eles compete o julgamento das ações de sua competência, em instância superior.

É seguido pelos Tribunais Regionais do Trabalho, que constituem a 2ª instância desta instituição. São 24 e estão distribuídos pelo território nacional:

- Tribunal Regional do Trabalho da 1ª Região (Rio de Janeiro)
- Tribunal Regional do Trabalho da 2ª Região (São Paulo – capital)
- Tribunal Regional do Trabalho da 3ª Região (Minas Gerais)
- Tribunal Regional do Trabalho da 4ª Região (Rio Grande do Sul)

---

[36] Disponível em: <https://consulplan.s3.amazonaws.com/concursos/472/1_23112016075734.pdf>. Acesso em: 07.08.2017.

- Tribunal Regional do Trabalho da 5ª Região (Bahia)
- Tribunal Regional do Trabalho da 6ª Região (Pernambuco)
- Tribunal Regional do Trabalho da 7ª Região (Ceará)
- Tribunal Regional do Trabalho da 8ª Região (Pará e Amapá)
- Tribunal Regional do Trabalho da 9ª Região (Paraná)
- Tribunal Regional do Trabalho da 10ª Região (Distrito Federal e Tocantins)
- Tribunal Regional do Trabalho da 11ª Região (Roraima e Amazonas)
- Tribunal Regional do Trabalho da 12ª Região (Santa Catarina)
- Tribunal Regional do Trabalho da 13ª Região (Paraíba)
- Tribunal Regional do Trabalho da 14ª Região (Acre e Rondônia)
- Tribunal Regional do Trabalho da 15ª Região (São Paulo – interior)
- Tribunal Regional do Trabalho da 16ª Região (Maranhão)
- Tribunal Regional do Trabalho da 17ª Região (Espírito Santo)
- Tribunal Regional do Trabalho da 18ª Região (Goiás)
- Tribunal Regional do Trabalho da 19ª Região (Alagoas)
- Tribunal Regional do Trabalho da 20ª Região (Sergipe)
- Tribunal Regional do Trabalho da 21ª Região (Rio Grande do Norte)
- Tribunal Regional do Trabalho da 22ª Região (Piauí)
- Tribunal Regional do Trabalho da 23ª Região (Mato Grosso)
- Tribunal Regional do Trabalho da 24ª Região (Mato Grosso do Sul)

Temos também as Varas do Trabalho, cujo território de atuação é definido pelo Tribunal Regional a que pertence, podendo ser delimitada com um ou mais municípios. Nelas são discutidas ações de primeira instância, onde começa a maioria dos processos.

Exceto os ministros do TST, os servidores da Justiça do Trabalho são nomeados por concurso público para cargos de juiz do Trabalho, analista e técnico. Por se tratar de concursos cujas matérias são bastante específicas, dificultando acesso das pessoas que não estudam exclusivamente, é um ótimo caminho para entrar na carreira pública.

Tribunal Regional do Trabalho da 1ª Região (2016)[37]

Cargo: Juiz do Trabalho substituto.
Requisitos: Graduação em Direito + três anos de atividade jurídica.
Remuneração: R$ 27.500,17.
Disciplinas:
Direito Individual do Trabalho; Direito Coletivo do Trabalho; Direito Processual do Trabalho; Direito Processual Civil; Direito Constitucional; Direito Administrativo; Direito Penal; Direito Internacional e Comunitário; Direito Civil; Direito Empresarial; Direito Previdenciário; Direito da Criança e do Adolescente; Sociologia do Direito; Psicologia Judiciária; Ética e Estatuto Jurídico da Magistratura Nacional; Filosofia do Direito; Teoria Geral do Direito e da Política.

Tribunal Regional do Trabalho da 24ª Região (2016)[38]

Cargo: Analista judiciário (área judiciária).
Requisitos: Graduação em Direito.
Remuneração: R$ 10.119,93.
Disciplinas:

- **conhecimentos básicos:** Língua Portuguesa; raciocínio lógico-matemático; noções sobre Direitos das Pessoas com Deficiência; noções de Informática.

- **conhecimentos específicos:** Direito Constitucional; Direito Administrativo; Direito do Trabalho; Direito Processual do Trabalho; Direito Civil; Direito Processual Civil.

---

[37] Disponível em: <http://www.concursosfcc.com.br/concursos/trt1r115/boletim_trt1r115. pdf>. Acesso em: 07.08.2017.

[38] Disponível em: <http://www.concursosfcc.com.br/concursos/trt24116/boletim_trt24116. pdf>. Acesso em: 07.08.2017.

> **Cargo:** Analista judiciário (área administrativa).[39]
> **Requisito:** Curso de ensino superior (licenciatura, bacharelado, tecnólogo) em qualquer área.
> **Remuneração:** R$ 10.119,93.
> **Disciplinas:**
> - **conhecimentos básicos:** Língua Portuguesa; raciocínio lógico-matemático; noções sobre Direitos das Pessoas com Deficiência; noções de Informática.
> - **conhecimentos específicos:** Direito Constitucional; Direito Administrativo; noções de Administração Pública.

> **Cargo:** Técnico judiciário (área administrativa).[40]
> **Requisito:** Ensino médio completo ou curso técnico equivalente.
> **Remuneração:** R$ 6.167,99.
> **Disciplinas:**
> - **conhecimentos básicos:** Língua Portuguesa; raciocínio lógico-matemático; noções de Direitos das Pessoas com Deficiência; noções de Informática.
> - **conhecimentos específicos:** noções de Direito Constitucional; noções de Direito Administrativo; noções de Direito do Trabalho; noções de Direito Processual do Trabalho.

Justiça Eleitoral

A Justiça Eleitoral tem competência para apreciar causas de matéria eleitoral referentes a direitos políticos, como alistamento eleitoral, voto, elegibilidade, questões diversas referentes a partidos políticos e ao mandato.

São órgãos da Justiça Eleitoral:

- Tribunal Superior Eleitoral – TSE;
- Tribunais Regionais Eleitorais;
- Juntas Eleitorais.

---

[39] Disponível em: <http://www.concursosfcc.com.br/concursos/trt24116/boletim_trt24116.pdf>. Acesso em: 07.08.2017.

[40] Disponível em: <http://www.concursosfcc.com.br/concursos/trt24116/boletim_trt24116.pdf>. Acesso em: 07.08.2017.

O TSE, órgão máximo da Justiça Eleitoral, tem sede em Brasília/DF e atuação nacional. É composto por sete membros, eleitos por voto secreto e nomeados pelo Presidente da República. Sua função é julgar questões relativas à lei, aos partidos políticos, crimes eleitorais, apuração do resultado geral, reclamações contra os seus próprios juízes, casos de inelegibilidade, recursos contra decisões dos Tribunais Regionais, entre outros.

Os Tribunais Regionais Eleitorais – TREs, que atuam conjuntamente com o TSE, têm sede nas capitais do Brasil e no Distrito Federal. São os responsáveis diretos pela administração do processo eleitoral nos estados e nos municípios. Seus juízes também são nomeados, ou seja, para os cargos de ministro e juiz eleitoral, não há concurso público.

As vagas ofertadas para os órgãos da Justiça Eleitoral são para os cargos de analista e técnico. E, assim como na Justiça do Trabalho, é uma boa oportunidade para iniciar uma carreira pública, pois, como se trata de concursos cujas matérias cobradas são mais específicas, o acesso de candidatos que não estudam exclusivamente é bem mais complicado.

Tribunal Regional Eleitoral de São Paulo (2016)[41]

> **Cargo:** Analista judiciário (área judiciária).
>
> **Requisito:** Graduação em Direito.
>
> **Remuneração:** R$ 9.736,27.
>
> **Disciplinas:**
>
> – **conhecimentos básicos:** Gramática e interpretação de textos da Língua Portuguesa; noções de Informática; Normas Aplicáveis aos Servidores Públicos Federais; Regimento Interno do Tribunal Regional Eleitoral de São Paulo; Código de Ética do Tribunal Regional Eleitoral de São Paulo; Plano Estratégico do Tribunal Regional Eleitoral de São Paulo para o período de 2016-2021.
>
> – **conhecimentos específicos:** Direito Constitucional; Direito Administrativo; Direito Eleitoral; Direito Civil; Direito Processual Civil; Direito Penal; Direito Processual Penal; noções de Administração Pública.

---

[41] Disponível em: <http://www.concursosfcc.com.br/concursos/tresp116/boletim_tresp116.pdf>. Acesso em: 07.08.2017.

> **Cargo:** Analista judiciário (área administrativa).[42]
> **Requisito:** Graduação em qualquer área.
> **Remuneração:** R$ 9.736,27.
> **Disciplinas:**
> - **conhecimentos básicos:** Gramática e interpretação de textos da Língua Portuguesa; noções de Informática; Normas Aplicáveis aos Servidores Públicos Federais; Regimento Interno do Tribunal Regional Eleitoral de São Paulo; Código de Ética do Tribunal Regional Eleitoral de São Paulo; Plano Estratégico do Tribunal Regional Eleitoral de São Paulo para o período de 2016-2021.
> - **conhecimentos específicos:** Administração Pública; Administração Financeira e Orçamentária; Direito Administrativo; Direito Constitucional; Direito Eleitoral; noções de Direito Civil; noções de Direito Processual Civil; noções de Direito Penal; noções de Direito Processual Penal.

> **Cargo:** Técnico judiciário (área administrativa).[43]
> **Requisito:** Ensino médio completo ou curso técnico equivalente.
> **Remuneração:** R$ 5.934,15.
> **Disciplinas:**
> - **conhecimentos básicos:** Gramática e interpretação de textos da Língua Portuguesa; noções de Informática; Normas Aplicáveis aos Servidores Públicos Federais; Regimento Interno do Tribunal Regional Eleitoral de São Paulo; Código de Ética do Tribunal Regional Eleitoral de São Paulo; Plano Estratégico do Tribunal Regional Eleitoral de São Paulo para o período de 2016-2021.
> - **conhecimentos específicos:** noções de Direito Constitucional; noções de Direito Administrativo; noções de Direito Eleitoral.

Justiça Militar

A Justiça Militar tem competência exclusiva para processar e julgar os crimes militares. É composta pelo Superior Tribunal Militar, tribunais e juízes militares.

Como nos demais Tribunais Superiores, a nomeação para o cargo de ministro é feita pelo Presidente da República.

---

[42] Disponível em: <http://www.concursosfcc.com.br/concursos/tresp116/boletim_tresp116.pdf>. Acesso em: 07.08.2017.

[43] Disponível em: <http://www.concursosfcc.com.br/concursos/tresp116/boletim_tresp116.pdf>. Acesso em: 07.08.2017.

Os Tribunais de Justiça Militar são estaduais, com sede nas capitais dos estados e no Distrito Federal, e possuem competência para o julgamento de crimes cometidos por militares e ações disciplinares militares. Os principais cargos para esse órgão são para juiz militar, analista e técnico.

Tribunal de Justiça Militar do estado de São Paulo (2016)[44]

Cargo: Juiz de Direito do Juízo Militar Substituto da Justiça Militar do estado de São Paulo.

Requisitos: Graduação em Direito + três anos de atividade jurídica.

Remuneração: R$ 27.500,17.

Disciplinas:

Direito Penal Militar; Direito Constitucional; Direito Penal Comum; Direitos Humanos; Direito Processual Penal Militar; Direito Administrativo; Direito Civil; Direito Processual Penal Comum; Organização Judiciária Militar; legislação estadual e federal relativas às Organizações Militares do estado de São Paulo; Direito Processual Civil; legislação comum especial e extravagante; Sociologia do Direito; Psicologia Judiciária; Ética e Estatuto Jurídico da Magistratura Nacional; Filosofia do Direito; Teoria Geral do Direito e da Política.

Tribunal de Justiça Militar do estado de São Paulo (2016)[45]

Cargo: Escrevente técnico judiciário.

Requisito: Ensino médio completo.

Remuneração: R$ 4.473,16.

Disciplinas:

- **conhecimentos básicos:** Língua Portuguesa; Matemática; atualidades; noções de Informática.

- **conhecimentos específicos:** noções de Direito Constitucional; noções de Direito Administrativo; noções de Direito Civil; noções de Direito Processual Civil; noções de Direito Penal; noções de Direito Processual Penal; Direito Processual Penal Militar; Direito Penal Militar (Código Penal Militar).

---

44 Disponível em: <https://www.vunesp.com.br/TJME1501>. Acesso em: 07.08.2017.

45 Disponível em: <https://www.vunesp.com.br/TJME1601>. Acesso em: 07.08.2017.

Justiça Estadual

Os Tribunais de Justiça dos estados possuem competência residual, ou seja, são responsáveis pelo julgamento das matérias não específicas das demais justiças. Atuam nas esferas cível, comercial, criminal, de família, de sucessões, fiscal, empresarial etc.

Nos Tribunais de Justiça, há a oferta de vagas para os cargos de:

- Juiz substituto;
- Oficial;
- Oficial de justiça;
- Escrevente;
- Assistente;
- entre outros.

A nomenclatura dos cargos de nível médio e superior pode variar de acordo com o estado a que estiver vinculado o concurso.

Tribunal de Justiça do Paraná (2016)[46]

Cargo: Juiz substituto.
Requisitos: Graduação em Direito + três anos de atividade jurídica.
Remuneração: R$ R$ 28.947,54.
Disciplinas:
Direito Civil; Direito Processual Civil; Direito do Consumidor; Direito da Criança e do Adolescente; Direito Penal; Direito Processual Penal; Direito Constitucional; Direito Eleitoral; Direito Empresarial; Direito Tributário; Direito Ambiental; Direito Administrativo; Juizados Especiais; Código de Normas da Corregedoria-Geral da Justiça do Paraná; Código de Organização e Divisão Judiciárias do estado do Paraná; Formação Humanística: Sociologia do Direito, Psicologia Judiciária, Ética e Estatuto Jurídico da Magistratura Nacional, Filosofia do Direito e Teoria Geral do Direito e da Política.

---

[46] Disponível em: <http://www.cespe.unb.br/concursos/TJ_PR_16_JUIZ/arquivos/ED_1_2016_TJ_PR_16_JUIZ_ABERTURA.PDF>. Acesso em: 07.08.2017.

Tribunal de Justiça do estado da Bahia (2014)[47]

Cargo: Analista judiciário (área judiciária – especialidade Direito).
Requisito: Graduação em Direito.
Remuneração: R$ 5.117,24.
Disciplinas:
– **conhecimentos básicos:** Língua Portuguesa; legislação específica; noções de Informática.
– **conhecimentos específicos:** Direito Civil; Direito Processual Civil; Direito Penal; Direito Processual Penal; Direito Constitucional; Direito Administrativo.

Cargo: Analista judiciário (área administrativa).
Requisito: Graduação em qualquer área.
Remuneração: R$ 5.117,24.
Disciplinas:
– **conhecimentos básicos:** Língua Portuguesa; legislação específica; noções de Informática.
– **conhecimentos específicos:** Contabilidade aplicada ao Setor Público; Administração Orçamentária e Financeira; Administração Pública; noções de Direito Administrativo; noções de Direito Constitucional.

Cargo: Técnico judiciário (escrevente – área judiciária).
Requisito: Ensino médio completo.
Remuneração: R$ 3.091,21.
Disciplinas:
– **conhecimentos básicos:** Língua Portuguesa; legislação específica; noções de Informática.
– **conhecimentos específicos:** noções de Direito Processual Civil; noções de Direito Processual Penal.

---

[47] Disponível em: <http://fgvprojetos.fgv.br/sites/fgvprojetos.fgv.br/files/concursos/tjba/Edital_TJBA_-_2014_11_19_-_retificado_(14012015).pdf>. Acesso em: 07.08.2017.

É importante lembrar que em todos os tribunais (superiores, regionais ou estaduais), os principais cargos são para **analista** e **técnico judiciário**. Nos editais, esses cargos são classificados por áreas, referentes às especificidades do trabalho a ser realizado. Para o concurso de analista, as maiores áreas são duas: a *administrativa*, que exige graduação completa em qualquer área; e a *judiciária*, que exige formação superior em Direito. Há, ainda, para o mesmo cargo, vagas específicas para candidatos que possuem curso superior nas áreas de Arquivologia, Arquitetura, Contabilidade, Saúde, Informática e Recursos Humanos, por exemplo.

Para o cargo de técnico judiciário, a exigência é de nível médio. As atividades são técnico-administrativas, necessárias ao adequado funcionamento da organização, auxiliando os magistrados ou órgãos julgadores no que couber e o público em geral. Há também vagas para áreas de apoio do tribunal, como informática ou segurança, nas quais, além do certificado de conclusão de curso de nível médio, é necessária a comprovação de alguns requisitos, como cursos especializados.

O **Juiz** é, basicamente, aquele que julgará o caso levado ao Judiciário. Os concursos para juiz podem ser realizados em três esferas: estadual, federal e trabalhista. Já indicamos como ocorre a atuação em cada esfera da Justiça: o juiz tem sua competência para atuar nos limites estabelecidos por lei na esfera a qual estiver vinculado; por exemplo, juiz estadual não tem competência para julgar ação trabalhista.

Cabe aqui uma explicação quanto à nomeação e eleição para os cargos de Juiz e Ministro nos Tribunais Superiores e Regionais, diversa da forma de concurso público. Isso ocorre devido à especificidade da matéria e da forma de julgamento, que precisa ser colegiada: há uma reunião de julgadores (ministros ou desembargadores) e o processo é discutido e julgado pelo entendimento da maioria, diferentemente do julgamento do juiz singular (substituto, federal ou trabalhista), que é autônomo.

Para os cargos de juiz estadual, juiz do Trabalho ou juiz federal, são requisitos a graduação em Direito e três anos de atividade jurídica para que candidato tenha um mínimo de conhecimento prévio na área jurídica e ser considerado um profissional apto a desenvolver suas atividades. A atuação no cargo exige um conhecimento panorâmico da sociedade e de suas necessidades.

É importante também observar onde estão sediados os órgãos que oferecem cargos para os quais você deseja prestar concurso; os Tribunais Superiores, por exemplo, têm sede somente em Brasília.

Das funções essenciais à Justiça

Todas as vezes que um cidadão tem uma relação com o Poder Judiciário, seja para fazer valer um direito, seja nos casos em que o Estado exerce seu direito de perseguir e punir por meio de um processo-crime, ou seja em oportunidades em que a União precisa que seus interesses sejam observados, surge a necessidade da presença do Ministério Público, da Defensoria Pública e da Advocacia-Geral da União como funções essenciais à Justiça.

São funções extremamente importantes e que possuem relação direta com a busca pela Justiça, pois garantem direitos ao cidadão. No caso específico da Advocacia-Geral da União, ela garante que os interesses da União serão considerados.

Vamos à análise dessas instituições:

a) Ministério Público

O Ministério Público, instituição permanente com independência funcional, tem como objetivo a defesa da ordem jurídica, do regime democrático e dos interesses sociais e individuais indisponíveis.

Ele não está ligado a nenhum Poder, o que possibilita uma atuação livre no cumprimento de suas atribuições. Na prática, o desempenho das suas atividades acontece por meio de diversas ações, que podem se desenvolver em questões relacionadas à área cível, do consumidor, de direitos humanos, de educação, eleitoral, da pessoa idosa, da infância e juventude, do patrimônio público, da saúde pública, do urbanismo e do meio ambiente.

Para saber com detalhes quando o Ministério Público pode agir, é necessária a leitura da Constituição da República Federativa do Brasil e da sua Lei Orgânica, que disciplina a carreira. Vale lembrar que, no caso dos Ministérios Públicos estaduais, deve ser verificada a Lei Orgânica do estado respectivo.

O Ministério Público é dividido entre Ministério Público da União e Ministérios Públicos dos estados. O primeiro abrange:

- Ministério Público Federal;
- Ministério Público do Trabalho;
- Ministério Público Militar; e
- Ministério Público do Distrito Federal e Territórios.

No Ministério Público Federal, as atribuições serão desempenhadas pelos Procuradores da República. No Ministério Público dos estados, pelos promotores de Justiça. Essa nomenclatura é utilizada na primeira instância, ou seja, no primeiro contato do cidadão com a instituição.

Caso existam recursos, quando a matéria for federal, falaremos dos Procuradores Regionais da República; quando a matéria for estadual, serão os Procuradores de Justiça.

Para o ingresso nos quadros desses Ministérios Públicos, é necessário o concurso público, em cargos que podem ser de nível médio e superior, como os de **analista** e **técnico**, e os cargos específicos, na carreira de **promotor** ou **procurador**.

Se você se interessa em prestar concursos para uma dessas instituições, pesquise a mais adequada para seu perfil e procure a legislação que disciplina a carreira para verificar os requisitos necessários para a prova e entender melhor a carreira que deseja seguir.

Ministério Público da União (2013)[48]

Cargo: Analista do MPU (apoio jurídico – especialidade: Direito).
Requisito: Graduação em Direito.
Remuneração: R$ 7.506,55.
Disciplinas:

- **conhecimentos básicos:** Língua Portuguesa; noções de Informática; legislação aplicada ao MPU e ao CNMP.
- **conhecimentos específicos:** Direito Constitucional; Direito Administrativo; Direito do Trabalho; Direito Civil; Direito Processual Civil; Direito Penal; Direito Processual Penal; Direito Penal Militar; Direito Processual Penal Militar.

Cargo: Técnico do MPU (apoio técnico-administrativo – especialidade: Administração).
Requisitos: Ensino médio completo.
Remuneração: R$ 4.575,16.
Disciplinas:

- **conhecimentos básicos:** legislação aplicada ao MPU e ao CNMP; Língua Portuguesa; noções de Informática; Ética no Serviço Público; raciocínio lógico.
- **conhecimentos específicos:** noções de Direito Constitucional; noções de Direito Administrativo; Administração; Administração de Recursos Materiais.

Ministério Público do estado do Paraná (2016)[49]

Cargo: Promotor substituto.
Requisitos: Graduação em Direito + três anos de atividade jurídica.
Remuneração: R$ 24.818,90.

---

[48] Disponível em: <http://www.cespe.unb.br/concursos/MPU_13/arquivos/ED_1_2013_MPU_13_ABT.PDF>. Acesso em: 07.08.2017.

[49] Disponível em: <http://concursos.mppr.mp.br/concursos/detalhes_concurso/93>. Acesso em: 07.08.2017.

Disciplinas:

Direito Penal; Direito Eleitoral; legislação do Ministério Público; Direito Constitucional; Direito Administrativo; Direito Tributário; Direito Previdenciário; Filosofia do Direito; Sociologia Jurídica; Direito Processual Civil; Direito Civil e Terceiro Setor; Direito Empresarial; Direito Processual Penal; Execução Penal; Direito do Consumidor; Direito Sanitário e Saúde do Trabalhador; Direito da Infância e da Juventude; Direito à Educação; Proteção ao Patrimônio Público; Direitos da Pessoa com Deficiência e dos Idosos; Direitos Humanos; Direito Ambiental; Habitação e Urbanismo; Ação Civil Pública, Inquérito Civil, Procedimento Preparatório e Procedimento Investigatório Criminal; Ações coletivas.

Ministério Público do estado do Rio de Janeiro (2016)[50]

Cargo: Analista do Ministério Público (área processual).

Requisito: Graduação em Direito.

Remuneração: R$ 7.139,16.

Disciplinas:

Língua Portuguesa; raciocínio lógico-matemático; Organização do Ministério Público; Tutela Coletiva e Direito da Infância e Juventude; Direito Administrativo; Direito Constitucional; Direito Civil; Direito Processual Civil; Direito Penal; Direito Processual Penal.

Cargo: Analista do Ministério Público (área administrativa).

Requisitos: Graduação em Administração, Ciências Contábeis, Economia ou Direito.

Remuneração: R$ 7.139,16.

Disciplinas:

Língua Portuguesa; raciocínio lógico-matemático; Organização do Ministério Público; noções de Informática; noções de Direito Administrativo e Constitucional; Administração Geral; Administração Pública e Contabilidade Pública.

---

[50] Disponível em: <http://fgvprojetos.fgv.br/sites/fgvprojetos.fgv.br/files/concursos/mprj/Edital_MPRJ_29_03_2016_-_RETIFICADO-2aretif-hjrfbsdjk13546851.pdf>. Acesso em: 07.08.2017.

> **Cargo:** Técnico do Ministério Público (área administrativa).
>
> **Requisitos:** Ensino médio completo.
>
> **Remuneração:** R$ 4.382,84.
>
> **Disciplinas:**
>
> Língua Portuguesa; raciocínio lógico-matemático; Organização do Ministério Público; noções de Informática; noções de Direito Administrativo e Constitucional.

b) *Advocacia-Geral da União e Procuradoria estadual e municipal*

A **Advocacia-Geral da União** é a instituição que, diretamente ou por meio de órgão vinculado, representa a União, judicial e extrajudicialmente, e ainda desempenha as atividades de consultoria e assessoramento jurídico do Poder Executivo. Como é possível perceber, a Advocacia-Geral da União cuida de diferentes interesses da União e por isso está a ela vinculada.

É constituída por quatro carreiras, cada uma desempenha papel importante junto à União, considerando suas particularidades e seus servidores, com cargos de analista técnico-administrativo e outros cargos específicos (nível superior); cargos de nível intermediário (curso técnico de nível médio); e cargos de nível médio. A seguir, um quadro para facilitar o entendimento:

Cargo	Atribuição
Advogados da União	Representação judicial da União e consultoria e assessoramento jurídico do Poder Executivo
Procuradores da Fazenda Nacional	Respondem pela matéria tributária
Procuradores federais	Atuam junto às autarquias e fundações
Procuradores do Banco Central	Atuam junto ao Banco Central
Servidores administrativos	Atuam em todos os órgãos

Ressaltamos que o ingresso nessas carreiras se dá por concurso público. Para que você conheça mais sobre as carreiras, vale a leitura da Lei

Orgânica da Advocacia-Geral da União e da Constituição da República Federativa do Brasil.

Advocacia-Geral da União (2015)[51]

> **Cargo:** Advogado da União.
> **Requisitos:** Graduação em Direito + dois anos de atividade jurídica + registro definitivo na OAB.
> **Remuneração:** R$ 17.330,33.
> **Disciplinas:**
> Direito Administrativo; Direito Constitucional; Direito Financeiro e Econômico; Direito Tributário; Direito Ambiental; Direito Civil; Direito Processual Civil; Direito Empresarial; Direito Internacional Público; Direito Internacional Privado; Direito Penal e Processual Penal; Direito do Trabalho e Processual do Trabalho; Direito da Seguridade Social.

A advocacia dos estados e municípios, por sua vez, é representada pela **procuradoria estadual e municipal.** A divisão de competência, como em outros órgãos da Justiça, também ocorre aqui: cada ente possui legislação e orçamento próprios para contratação de servidores.

Os procuradores possuem competência para atuar em processos em todas as instâncias, prestam suporte e consultoria jurídica ao ente a que estão vinculados e atuam principalmente nas áreas fiscal, tributária e administrativa e nas relacionadas ao meio ambiente, quando houver a necessidade de defesa dos interesses dos estados ou municípios em conflito.

Há também a oferta de vagas para servidores no âmbito estadual e municipal, os quais prestarão apoio jurídico-administrativo às atividades da procuradoria.

Como o de oficial e técnico administrativos, com exigência de nível médio, e analista e assessor, que tem como pré-requisito nível superior.

---

[51] Disponível em: <http://www.cespe.unb.br/concursos/agu_15_adv/arquivos/AGU_ADV_2015_ED_1___ABERTURA.PDF>. Acesso em: 07.08.2017.

Procuradoria-Geral do estado de Sergipe (2017)[52]

> **Cargo:** Procurador do estado de Sergipe.
> **Requisitos:** Graduação em Direito + registro definitivo na OAB.
> **Remuneração:** R$ 15.715,51.
> **Disciplinas:**
> Direito Administrativo; Direito Constitucional; Direito Civil: Direito Processual Civil; Direito Penal; Direito Processual Penal; Direito do Trabalho; Direito Processual do Trabalho; Direito Ambiental e Urbanístico; Direito Empresarial; Direito Financeiro; Direito Previdenciário; Direito Tributário.

c) Defensoria Pública

Você certamente já ouviu dizer que alguém foi defendido pelo advogado do Estado. Na verdade, quando alguém diz isso, quer dizer que foi defendido por um defensor público.

Esse defensor público faz parte de algo maior, que é a Defensoria Pública, instituição permanente cuja atribuição é a orientação jurídica, a promoção dos direitos humanos e a defesa, em todos os graus, judicial e extrajudicial, dos direitos individuais e coletivos, de forma integral e gratuita, aos necessitados. É dividida em Defensoria Pública da União e Defensoria Pública dos estados.

Assim como o Ministério Público, a Defensoria Pública não está vinculada a nenhum poder, o que permite uma atuação livre no cumprimento de suas atribuições, relacionadas à área cível – Direito Civil, de Família e de Sucessões, do Consumidor, Urbanístico, Ambiental, Saúde, Garantias Constitucionais, Habitação, Urbanismo –, criminal e da Infância e Juventude, entre outras.

Você pode questionar: são os mesmos assuntos tratados pelo Ministério Público? E a resposta é sim, mas há diferença no enfoque, ou seja, o Ministério Público atua em suas atribuições, e a Defensoria nas dela.

Mais uma vez, para visualizar essas atribuições, vale a leitura da Constituição da República Federativa do Brasil e da Lei Orgânica da carreira. Saliente-se que existe a Lei Orgânica da Defensoria da União e as Leis Orgânicas de cada estado.

---

[52] Disponível em: <http://www.cespe.unb.br/concursos/PGE_SE_17_PROCURADOR/arquivos/ED_1_2017_PGE_SE_17_PROCURADOR_ABT_FINAL.PDF>. Acesso em: 07.08.2017.

Assim, caso você deseje ingressar na Defensoria Pública da União, é válida a leitura de sua Lei Orgânica, e caso você tenha interesse na defensoria de um estado específico, procure a Lei Orgânica da Defensoria daquele estado.

O ingresso na carreira da Defensoria Pública estadual é feito por concurso público, pelo cargo de **defensor público substituto**. Já na carreira de defensor público federal da Defensoria Pública da União (DPU), o ingresso é feito como **defensor público federal** de segunda categoria. Lembre-se de que existem também os cargos para nível médio, técnico e agente, e nível superior, analista.

Defensoria Pública da União (2015)[53]

Cargo: Analista técnico-administrativo.
Requisito: Graduação em qualquer área.
Remuneração: R$ 5.266,18.
Disciplinas:
- **conhecimentos básicos:** Língua Portuguesa; noções de Informática; noções de Arquivologia; noções de Gestão de Pessoas; raciocínio lógico.
- **conhecimentos específicos:** Direito Constitucional; Direito Administrativo; Direito Processual Civil; Direito Previdenciário; Direito Penal; Direito Processual Penal; Direito Penal e Processual Penal Militar.

Cargo: Agente administrativo.
Requisitos: Ensino médio completo.
Remuneração: R$ 3.817,98.
Disciplinas:
- **conhecimentos básicos:** Língua Portuguesa; noções de Informática; Normas Aplicáveis aos Servidores Públicos; noções de Direito Constitucional e Administrativo; de Arquivologia; raciocínio lógico.
- **conhecimentos específicos:** noções de Organização; noções de Administração de Recursos Materiais; noções de Gestão de Pessoas nas Organizações; noções de Administração Financeira e Orçamentária; noções de Administração Pública; atendimento ao público.

---

[53] Disponível em: <http://www.cespe.unb.br/concursos/DPU_15_ADMINISTRATIVO/arquivos/ED_1_2015_DPU_ADM___EDITAL_DE_ABERTURA.PDF>. Acesso em: 07.08.2017.

Defensoria Pública do estado da Bahia (2016)[54]

Cargo: Defensor Público.
Requisitos: Graduação em Direito + três anos de atividade jurídica.
Remuneração: R$ 20.417,42.
Disciplinas:
Direitos Humanos; Direito Constitucional; Direito Administrativo; Direito Penal; Criminologia; Direito Processual Penal e Execução Penal; Direito Civil; Direito Processual Civil; Direito do Consumidor; Direito da Criança e do Adolescente; legislação, princípios e atribuições institucionais da Defensoria Pública do estado da Bahia; aspectos da Constituição e Formação da População e da História da Bahia; Filosofia; Filosofia do Direito; Sociologia; Sociologia Jurídica.

Defensoria Pública do estado de São Paulo (2015)[55]

Cargo: Agente de Defensoria Pública.
Requisito: Graduação em diversas áreas.
Remuneração: R$ 5.500,00.
Disciplinas:
- **conhecimentos básicos:** Língua Portuguesa; Matemática; raciocínio lógico; conhecimentos básicos de Informática; conhecimentos jurídicos e institucionais.
- **conhecimentos específicos:** de acordo com a área de formação.

Cargo: Oficial de Defensoria Pública.[56]
Requisitos: Ensino médio completo + Carteira Nacional de Habilitação, categoria mínima "B".
Remuneração: R$ 2.300,00.
Disciplinas:
- **conhecimentos básicos:** Língua Portuguesa; Matemática; raciocínio lógico; conhecimentos básicos de Informática.
- **conhecimentos específicos:** conhecimentos jurídicos e institucionais.

---

[54] Disponível em: <http://www.concursosfcc.com.br/concursos/dpeba116/boletim_dpeba116.pdf>. Acesso em: 07.08.2017.

[55] Disponível em: <http://www.concursosfcc.com.br/concursos/dpspd314/boletim_dpspd314_agente.pdf>. Acesso em: 07.08.2017.

[56] Disponível em: <http://www.concursosfcc.com.br/concursos/dpspd314/boletim_dpspd314_oficial.pdf>. Acesso em: 07.08.2017.

Defensoria Pública da União (2014)[57]

Cargo: Defensor público federal de segunda categoria.
Requisitos: Graduação em Direito + três anos de atividade jurídica + inscrição na OAB.
Remuneração: R$ 16.489,37.
Disciplinas:
Direito Administrativo; Direito Civil; Direito Empresarial; Direito Constitucional; Direito do Consumidor; Direito do Trabalho; Direito Eleitoral; Direito Internacional; Direito Penal; Direito Penal Militar; Direito Previdenciário e da Assistência Social; Direito Processual Civil; Direito Processual do Trabalho; Direito Processual Penal; Direito Processual Penal Militar; Direito Tributário; Direitos Humanos; Filosofia do Direito; noções de Ciência Política; Princípios Institucionais da Defensoria Pública; noções de Sociologia Jurídica.

d) Advogado

Também presente em diversos órgãos públicos, o cargo de advogado basicamente atua na assessoria, consultoria e representação jurídica de empresas públicas, sociedades de economia mista, agências, entre outros. Para exercer o cargo, esse profissional deve possuir graduação em Direito, registro na Ordem dos Advogados do Brasil e, em alguns concursos, experiência jurídica comprovada.

Petrobras[58]

Cargo: Advogado júnior.
Requisitos: Graduação em Direito + registro definitivo na OAB.
Remuneração: R$ 8.866,74.
Disciplinas:
– **conhecimentos básicos:** Língua Portuguesa; Língua Inglesa.
– **conhecimentos específicos:** Direito da Empresa; Direito Administrativo; Direito Ambiental; Direito Constitucional; Direito Tributário; Direito Processual Civil; Direito Internacional Privado; Direito Marítimo e Portuário; Direito do Trabalho; Direito Processual do Trabalho; Meio Ambiente do Trabalho.

---

[57] Disponível em: <http://www.cespe.unb.br/concursos/DPU_14_DEFENSOR/arquivos/ED_1_2014_DPU_14_DEFENSOR_ABERTURA.PDF>. Acesso em: 07.08.2017.

[58] Disponível em: <http://www.cesgranrio.org.br/concursos/evento.aspx?id=petrobras0115>. Acesso em: 07.08.2017.

Instituto Rio Branco – Diplomata

O Instituto Rio Branco é o órgão responsável por formar e aperfeiçoar os funcionários do Ministério das Relações Exteriores, bem como de constituir um núcleo de estudos sobre diplomacia e relações internacionais. A seleção para a carreira diplomática, a cargo exclusivamente do Instituto, é uma das mais tradicionais do País, tendo-se realizado anualmente – em alguns casos até duas vezes por ano – desde 1946.

O diplomata é o servidor público que representa o Brasil no exterior. Ele negocia acordos internacionais, promove os interesses brasileiros, estimula relações culturais e econômicas com outros países, dá apoio a brasileiros no estrangeiro e apresenta diretrizes para a condução da nossa política externa. Essas são suas principais funções, mas existem outras.

O concurso para entrar nesta carreira é um dos mais concorridos do Brasil, mas vale o esforço diante das peculiaridades do cargo, como a imunidade diplomática e a possibilidade de morar no exterior.

Instituto Rio Branco (2017)[59]

Cargo: Terceiro Secretário da Carreir a de Diplomata.

Requisito: Graduação em qualquer área.

Remuneração: R$ 16.935,40.

Disciplinas:

Português, Inglês, História do Brasil, História Mundial, Política Internacional, Geografia, Noções de Economia e Noções de Direito e Direito Internacional Público.

3.3. COMO ESCOLHER A CARREIRA – O QUE LEVAR EM CONSIDERAÇÃO NA ESCOLHA

Em meio a tantas opções, pode ser que você se sinta um pouco confuso na hora de escolher uma carreira, então daremos algumas dicas para que encontre a melhor direção.

---

[59] http://www.cespe.unb.br/concursos/IRBR_17_DIPLOMACIA/arquivos/IRBR_ED._1_ABERTURA.PDF

Primeiramente, para que possa saber qual é o concurso que mais se encaixa nos seus desejos e ambições, é necessário que você esteja ciente dos requisitos de cada cargo. Há requisitos básicos a ser preenchidos, para que você possa prestar o concurso e ser aprovado. Eles estão disponíveis no edital.

Formação

Ao ter em mente a carreira que escolheu seguir, é importante que você comece a se preparar para as etapas do concurso almejado. O primeiro passo é responder a essas duas questões:

1. Qual é a formação que o concurso que desejo prestar exige?

2. De acordo com a minha formação, quais são os concursos que posso prestar?

Esses requisitos estão relacionados a dois aspectos: ao concurso em si e às suas próprias qualificações.

Cabe destacar que a comprovação da formação ocorrerá em dado momento durante o procedimento do concurso. Se o candidato não cumprir essa exigência, mesmo que aprovado em alguma das etapas, não será possível a posse. É importante estar atento: caso não tenha concluído seus estudos ou possua graduação diversa da requerida, você não suprirá as exigências do edital.

Por exemplo, determinado concurso para o cargo de Analista de Tribunal Regional exige o nível superior completo e um candidato se inscreve para esse concurso sem ainda ter concluído a graduação. Ele estuda e é aprovado, mas, infelizmente, não poderá tomar posse se não concluiu a formação exigida no edital no momento da posse. É necessário que, no momento da comprovação de requisitos, seja apresentado o certificado de conclusão do curso com data anterior à da posse.

Cada concurso exige uma formação: nível fundamental, médio, superior em qualquer área, mas também há cargos que exigem formação em cursos específicos e outros requisitos que vão além da conclusão de uma graduação.

DICA! Procure saber os cargos relacionados com sua formação. As matérias exigidas em um concurso da mesma área em que você atua facilitará seu caminho até a aprovação, pois muito do que já foi estudado durante seu curso profissional poderá ser aproveitado durante a preparação para o concurso.

No edital, é possível encontrar todas as informações acerca do nível de formação exigido em cada concurso. A seguir, indicamos alguns cargos em diversas carreiras com base nesse requisito:

Nível Médio	Superior	Superior + algum requisito
Agente	Agente da Polícia	Advogado
Assistente	Analista	Delegado
Auxiliar	Auditor	Defensor
Escrevente	Tabelião	Diplomata
Escriturário	Aluno oficial da Polícia	Juiz
Oficial administrativo		Procurador
Policial militar		Professor
Técnico		Promotor
		Escrivão de Polícia
		Investigador de Polícia

Perfil

Na maioria das vezes, nossas escolhas se baseiam em algo familiar, ligadas à personalidade e às experiências de vida, por isso o estilo de cada um, normalmente, está refletido em seu comportamento.

Na vida profissional não é diferente: ao escolher uma carreira, é importante identificar suas habilidades e personalidade, para que você caminhe na direção mais acertada. Isso porque a vida profissional é uma longa trajetória e algumas decisões prévias e incisivas podem facilitar, principalmente se isso ocorrer no início.

O autoconhecimento é uma etapa necessária, anterior a qualquer planejamento, pois se conhecendo há mais chances de obter êxito profissional.

Existem profissionais que oferecem ajuda para os candidatos na escolha por um concurso. Eles se baseiam nas habilidades, anseios profissionais e características pessoais. São os chamados *coaches*, profissionais aptos a direcionar o futuro candidato.

Se você gosta de ajudar, se sente feliz e realizado em encontrar soluções para os problemas das outras pessoas, pode escolher um concurso que traga a possibilidade de desenvolver essa característica. Porém, é importante saber que o contrário também pode ocorrer: verifique se você não possui certas dificuldades ou até problemas de saúde que impossibilitem o desenvolvimento de alguma tarefa. É preciso estar atento para esse fato ao prestar um concurso. Suas características pessoais devem ser levadas em consideração na escolha de uma carreira.

Aspecto psicológico e emocional

Em grande parte dos concursos é avaliado o perfil psicológico do candidato. Mesmo que isso não ocorra, em alguma etapa do certame, é possível que você mesmo saiba se está apto ou não para determinados tipos de trabalho.

Há cargos em que é exigida uma estrutura emocional relacionada à própria carreira. Em muitos casos, a execução do trabalho demanda atitudes firmes e uma postura constante. O profissional poderá até enfrentar situações de risco pessoal, e é preciso estar ciente e disposto a isso, se optar por aquela carreira.

As habilidades estão relacionadas ao cargo em que você irá atuar. Por exemplo, escriturário em um banco se relaciona e atende uma grande quantidade de pessoas. Sendo assim, é necessário desenvolver a sua capacidade de comunicação e agilidade em resolver questões, mas também manter a calma caso ocorra algum problema que afete o ânimo dos clientes.

Servidor de um órgão de fiscalização, por exemplo, deve ter atitude firme e concisa, pois seu trabalho será verificar se todos os procedimentos com relação à higiene ou à segurança estão sendo efetuados, e lidar com contratempos.

Você pode se imaginar em uma situação de alto estresse, de perigo ou em que tenha de tomar decisões que afetem a vida de alguém? O quanto você está apto a cada situação? Aconselhamos que você faça uma autoanálise para saber qual carreira/cargo mais combina com suas características emocionais e psicológicas.

Aspectos físicos

Alguns concursos exigem uma boa resistência e estrutura física no desempenho do cargo. Se você gosta de praticar exercícios e tem essa habilidade, pode se identificar com concursos nessas áreas. Ao contrário, se você é sedentário e não gosta de atividades que exijam esforço físico, talvez seja melhor não se aventurar nesses concursos, a não ser que você tome a decisão de superar essa dificuldade.

Geralmente, os concursos que exigem essa habilidade pertencem à área de Segurança Pública. Alguns concursos de nível médio também, como o do IBGE e dos Correios.

Disponibilidade

Algumas carreiras exigem que você mude constantemente de cidade, estado ou até país. Estar disposto a essas mudanças é um requisito essencial para alguns cargos. Reflita se você toparia trabalhar onde mandarem e se essa opção é interessante para você; caso contrário, nem considere prestar concurso para esse tipo de carreira.

Em alguns concursos é possível fazer a escolha do local de trabalho antecipadamente; em outros, só é possível saber onde você irá trabalhar quando estiver efetivamente em serviço.

Nos concursos de órgãos federais, que estão em praticamente todas as regiões do país, você pode delimitar alguma localidade ao prestar o concurso, mas posteriormente poderá requerer uma transferência. Em outros casos, conforme a necessidade do órgão, você poderá ser movido para trabalhar em algum outro local.

Caso seja esse o caso, você poderá fazer um concurso de remoção, e ser transferido para outra área ou localidade dentro do mesmo órgão em que é servidor.

É possível prestar concursos em vários estados ou cidades, se for viável financeiramente e se a localidade não fizer muita diferença para você, o que ampliará suas chances de aprovação.

Então, pondere todas essas questões antes de escolher uma carreira para prestar um concurso. Lembre-se sempre de que o edital estabelece as localidades para onde os aprovados vão. O órgão pode abrir vagas somente para uma região e depois para outra, então, às vezes é melhor ter um pouco de paciência e esperar a abertura de vagas para o local de sua preferência.

Vagas

Cada concurso disponibiliza uma quantidade de vagas, e há um lapso entre a publicação de um edital para outro. Portanto, você pode se preparar antecipadamente. É importante saber quando será publicado o edital do concurso de seu interesse. Assim, você pode calcular o tempo que terá para a preparação.

Alguns concursos publicam editais todos os anos; outros, a cada dois anos; e alguns órgãos chegam a ficar anos sem contratar novos servidores. Isso pode ser favorável se você pretende se preparar durante um maior período de tempo.

Aproveite o tempo antes da abertura do concurso para estudar as matérias cobradas na prova, a partir do último edital. Provavelmente, as alterações serão poucas. Lembre-se: quanto mais um edital demora para sair, maior será a concorrência. E seus concorrentes já estão se preparando!

A quantidade de vagas e a abertura de novos concursos são baseadas na necessidade de novos servidores, em razão de aposentadorias, demissões, exonerações, remoções ou mortes. Devido a esses fatores, o serviço público nunca deixa de contratar, pois sempre há vacância de cargos, e também o surgimento de novas vagas.

A quantidade de vagas ofertadas em determinado concurso pode influenciar na escolha de um cargo, isso porque pode ser mais interessante observar a região ou a área específica do cargo que oferece mais vagas. Pode ser também que o concurso não oferte muitas vagas inicialmente, mas pela quantidade de candidatos convocados é possível perceber se o órgão costuma empossar mais candidatos que o número de vagas iniciais.

Por exemplo, o concurso para Escrevente do Tribunal de Justiça de São Paulo do ano de 2014, realizado pela Vunesp, ofertou inicialmente 471 vagas e habilitou um total de 1.789 candidatos, dos quais quase todos já foram nomeados.[60]

ATENÇÃO! Consulte a validade do concurso que vai prestar. Em regra, ele vale por dois anos, prorrogáveis por mais dois anos. As vagas do edital são urgentes, mas ao longo da validade outros candidatos podem ser convocados!

Então, fique atento ao histórico de vagas e de aprovados convocados nos concursos em que você tem interesse. Com essas dicas, você poderá se preparar melhor e escolher a carreira em que terá mais chances de aprovação.

---

[60] Disponível em: <http://www.tjsp.jus.br/Segmento/Servidores/Concursos>. Acesso em: 07.08.2017.

CAPÍTULO 4

BANCAS EXAMINADORAS

Sumário: 4.1. O que é uma banca examinadora – 4.2. Principais bancas: Fundação Carlos Chagas – FCC; Fundação Getulio Vargas – FGV; Centro Brasileiro de Pesquisa em Avaliação e Seleção e de Promoção de Eventos – Cebraspe (antiga Cespe); Fundação Cesgranrio; Fundação para o Vestibular da Universidade Estadual Paulista – Vunesp; Escola de Administração Fazendária – Esaf; Consulplan; Outras bancas – 4.3. Como a banca influencia na prova – 4.4. Peculiaridades – O que saber sobre cada banca.

4.1. O QUE É UMA BANCA EXAMINADORA

A busca pela banca examinadora começa com a necessidade de contratação de pessoal para órgãos públicos, que, conforme vimos, não pode ser realizada de maneira convencional, como conhecemos nas empresas privadas – por meio de entrevistas pessoais, provas e dinâmicas, por exemplo.

A banca é a responsável pelo planejamento, pela organização, pela divulgação e pela seleção de candidatos em determinado concurso público, além da avaliação do nível de aptidão (ou seja, de conhecimento aplicado) para o desempenho das atividades do cargo, levando em conta as exigências do edital.

A oferta de um cargo público gera interesse em um número muito grande de pessoas, devido à estabilidade, aos salários mais altos, à profissionalização e ao trabalho técnico. Portanto, é necessária uma infraestrutura de grande porte, muito organizada, para que o objetivo final seja alcançado da melhor maneira possível. Para isso, a banca deve atuar com precisão, sigilo, transparência e qualidade.

Resumidamente, a **precisão** é a aplicação dos meios necessários para efetuar uma boa seleção em massa. O **sigilo** refere-se ao cuidado de não haver vazamentos de informações do conteúdo das provas. É preciso **transparência** para que o candidato tenha fácil acesso a dados, informações e orientações durante todo o desenrolar do certame. Por fim, a **qualidade** é o nível de excelência da banca na realização daquilo a que se propôs: selecionar pessoas qualificadas para as vagas concorridas.

Em alguns concursos, existem mais de mil inscritos por vaga, o que demanda um método de avaliar os candidatos que funcione como um filtro. Por vezes, pessoas com bastante conteúdo não são aprovadas, não porque lhes falte capacidade, e sim por estudarem sem estratégia para passar na avaliação afunilada da banca.

Então, seu estudo precisa ser organizado, levando em consideração, além de seu tempo, a quantidade de matérias, suas dificuldades e também as características da banca examinadora, pois é ela que vai mostrar, por meio de suas peculiaridades e exigências, como é melhor seu estudo se desenvolver.

Essa conversa faz lembrar de Sun Tzu. No livro a *Arte da Guerra*, ele traz uma frase que serve para mostrar a importância de conhecer para planejar.

> "Aquele que conhece o inimigo e a si mesmo lutará cem batalhas sem perder".

Conseguiu visualizar a importância do que estamos tratando aqui?

Portanto, conheça a banca dos concursos de seu interesse, procure os editais e leia-os com atenção. Gaste o tempo que for preciso, mas conheça seu "inimigo", pois é esse gesto, aparentemente simples, que vai levar você para onde deseja.

Para ajudar você nessa etapa de conhecer as bancas, trataremos delas e de suas principais características.

4.2. PRINCIPAIS BANCAS

Existem inúmeras bancas examinadoras que organizam os mais diversos concursos, mas as principais são:

- Fundação Carlos Chagas (FCC);
- Fundação Getulio Vargas (FGV);
- Centro Brasileiro de Pesquisa em Avaliação e Seleção e de Promoção de Eventos (Cebraspe – antiga Cespe);
- Fundação Cesgranrio;
- Fundação para o Vestibular da Universidade Estadual Paulista (Vunesp);
- Escola de Administração Fazendária (Esaf);
- Consulplan.

O número de bancas está relacionado ao número de órgãos públicos criados ao longo do tempo. Assim, com o aumento da oferta de vagas, aumenta também o interesse dos candidatos em participar de certames e, em consequência, a quantidade de inscritos. Assim, para atender a essa quantidade, mais bancas são necessárias.

As bancas examinadoras, em sua maioria começaram aplicando provas vestibulares e foram se adequando às exigências desses órgãos para seleção de candidatos, aproveitando-se da experiência que já tinham em seleções de massa.

Obviamente, o número elevado de inscritos, a importância dos cargos e a necessidade de um processo seletivo sério e transparente demandam bancas que disponham de estrutura e de pessoal especializado para aplicar os diversos tipos de provas e avaliações presentes nos concursos. Geralmente, as seleções ocorrem em sete fases:

- prova objetiva;

- prova discursiva;
- exame de aptidão física;
- exame médico;
- avaliação psicológica;
- avaliação de títulos;
- prova oral.

Em alguns casos, as provas são elaboradas e aplicadas pela própria instituição. Por exemplo, a Polícia Civil, que aplica suas provas por meio da Academia de Polícia (Acadepol). Outra possibilidade é que o próprio órgão contratante realize certas fases do concurso que avaliem conhecimentos específicos. Nesses casos, o número de candidatos já é menor, o que possibilita uma organização pela própria instituição.

A seguir, relacionamos as principais bancas e alguns concursos que elas geralmente organizam. Os concursos e as bancas são variáveis, mas normalmente há uma constante, as mesmas bancas organizam os concursos que já realizaram.

Fundação Carlos Chagas – FCC

A Fundação Carlos Chagas é uma instituição paulistana que, no princípio de suas atividades, aplicava provas vestibulares. Em 1972, elaborou seu primeiro concurso para a Caixa Econômica Federal e, desde então, é conhecida por realizá-los para diversas instituições do país. Nos últimos anos, além de outros certames, tem organizado inúmeros para o Poder Judiciário e funções essenciais à Justiça. Em regra, a FCC realiza concursos estaduais e é bem atuante no estado de São Paulo.

Destacamos, aqui, sua atuação junto aos tribunais (de Contas, Eleitoral, Federal, de Justiça e do Trabalho), com provas tanto para o nível médio como para o nível superior, que atraem um número significativo de inscritos.

Analisando provas anteriores, verificamos que essa fundação costuma utilizar todo o conteúdo do edital em sua prova objetiva. Nas questões de português, geralmente cobra muitos conhecimentos gramaticais a partir de um texto. Vejamos um exemplo:

FCC – 2016 – PGE-MT – Analista-Administrador

Atenção: A questão refere-se ao texto seguinte.

Pensar o outro

A expressão "colocar-se no lugar do outro" é antes um clichê da boa conduta que uma prática efetivamente assumida. É mais fácil repetir a fórmula desse pré-requisito para uma discussão consequente do que levar a efeito o que esta implica. Quem, de fato, é capaz de se colocar no lugar do outro para bem discernir um ponto de vista alheio ao seu? Qualquer pessoa que, por exemplo, frequente as redes sociais, sabe que, numa discussão, os argumentos de um contendor não levam em conta a argumentação do outro. Em vez de se contraporem ideias em movimento, batem-se posições já cristalizadas. A rigor, não há propriamente confronto: cada um olha apenas para si mesmo.

Há a convicção de que aceitar a razão do outro é perder a própria. Por que não avaliar que o exame dos argumentos alheios pode ser uma forma de fortalecer os nossos? E se os nossos forem de fato mais fracos, por que não abdicar deles, acolher a verdade que está do outro lado e fortalecer-nos com ela? A dinâmica de um debate deve admitir o pensamento crítico, que é, e deve ser sempre, um pensamento disposto à crise. A vida não para de nos mostrar que é com os momentos críticos que mais aprendemos. Colocar-se no lugar do outro inclui a possibilidade de querer ficar nele: por que não admitir que a razão pode estar do outro lado? Negar o outro é condenar-nos à imobilidade – essa irmã gêmea da morte.

(MELLO, Aristides de, inédito)

Quanto à concordância e à articulação entre tempos e modos, está plenamente correto o emprego das formas verbais na frase:

a) Por que haveria de ser uma humilhação caso ficarem demonstradas toda a fragilidade das ideias que supúnhamos fortes?

b) Ao assumirmos que são aceitáveis, nas ideias em debate, a argumentação alheia, não haveria por que não as acolhêssemos.

c) É quando entra em crise que nossos argumentos deveriam mostrar-se fortes, aproveitando a oportunidade para virem a se fortalecer.

d) Somente seriam inaceitáveis as razões do outro caso lhes faltasse consistência no desenvolvimento da argumentação.

e) Supõe-se que a palavra confronto, ao indicar enfrentamento, devesse indicar um posicionamento que acatariam cada um dos contendores.

Em regra, a FCC utiliza dois modelos de questão:

a) um com um texto de introdução e cinco alternativas;
b) outro que apresenta diversas afirmativas e depois indaga quais são as incorretas ou corretas.

Esse tipo de questão preocupa os concurseiros, pois não se escolhe apenas uma assertiva como correta ou incorreta, como geralmente ocorre nas questões objetivas. Nesse tipo de pergunta, o candidato deve analisar assertiva por assertiva, e escolher nas alternativas a combinação que julgar correta. Exemplo:

2017/FCC/TRT – 24ª Região (MS)/Técnico Judiciário – Área Administrativa

Considere as seguintes assertivas concernentes à Lei nº 9.784/1999, que regula o processo administrativo no âmbito da Administração Pública Federal:

I. As disposições da Lei nº 9.784/1999 também se aplicam ao Poder Judiciário, quando no exercício de função administrativa.

II. A Lei nº 9.784/1999 traz o conceito de "entidade", definindo-a como a unidade de atuação que pode ou não ter personalidade jurídica.

III. O administrado poderá optar por não prestar informações que lhes são solicitadas, tratando-se tal postura de um de seus direitos, expressamente previsto na Lei nº 9.784/1999.

IV. Um dos critérios a serem observados nos processos administrativos regidos pela Lei nº 9.784/1999 é a indicação dos pressupostos fáticos que tenham determinado a decisão, não se exigindo a indicação de pressupostos de direito, justamente pela informalidade e objetividade que vigora em tais processos administrativos.

Está correto o que se afirma APENAS em:

a) III e IV.

b) II e III.

c) I e IV.

d) I, II e III.

e) I.

A FCC realiza tanto concursos de apenas uma fase e exame médico quanto os que envolvem várias etapas. Para saber quantas fases tem o seu concurso, é preciso ficar atento ao edital, pois não há uma regra fixa que valha para todos os certames da mesma banca.

Indicamos a seguir uma lista com os principais concursos realizados pela FCC. Essa lista tem caráter informativo e em hipótese alguma pode ser considerada definitiva ou inalterável.

➢ Concursos

- ☑ Assembleias Legislativas
- ☑ Câmara dos Deputados
- ☑ Conselho Nacional do Ministério Público
- ☑ Conselhos Regionais de Medicina
- ☑ Defensorias Públicas
- ☑ Instituto Nacional do Seguro Social – INSS
- ☑ Ministério Público
- ☑ Ministérios (Estadual, Federal, de Educação e Cultura, de Relações Exteriores e Planejamento, de Orçamento e Gestão)
- ☑ Prefeituras
- ☑ Procuradorias (Estado, Justiça e Município)
- ☑ Secretarias (Administrativa, de Educação, da Fazenda, do Meio Ambiente, de Planejamento e Gestão, de Recursos Humanos e Previdência, de Saúde e Segurança)
- ☑ Sistema Único da Secretaria Estadual de Saúde de São Paulo
- ☑ Tribunais (de Contas, Eleitoral, Federal, da Justiça e do Trabalho)

Fundação Getulio Vargas – FGV

A Fundação Getulio Vargas nasceu em 1944, no Rio de Janeiro. Tradicionalmente uma instituição voltada para o ensino superior, seu objetivo inicial era preparar pessoal qualificado para a administração pública e privada do país. Com o passar dos anos, deixou suas atribuições mais abrangentes e ganhou destaque como banca examinadora para concursos públicos. Não realiza muitos concursos, mas é responsável por certames federais com grande número de candidatos e pelo Exame de Ordem, que possui um número significativo de inscritos em todo o país, uma vez que passou a ser unificado e realizado três vezes ao ano.

As questões da FGV costumam apresentar textos longos e de difícil leitura, que podem cansar o candidato, e questões bem objetivas. Suas questões de múltipla escolha apresentam cinco alternativas. Exemplos:

2016/FGV/MPE-RJ/Técnico do Ministério Público – Notificações e Atos Intimatórios

O Promotor de Tutela Coletiva expediu, no bojo de inquérito civil público, notificação, pelos correios, via AR (aviso de recebimento), a Joaquim, para comparecer à Promotoria a fim de prestar esclarecimentos sobre eventual poluição sonora que estaria sendo provocada por máquinas de som em alto volume em seu bar. Frustrada a notificação via postal, o Promotor determinou que a diligência fosse cumprida por Técnico do Ministério Público da Área de Notificação (TNAI). Assim, o TNAI Gustavo compareceu ao bar de Joaquim para notificá-lo, leu o teor do mandado, entregou uma via original, mas o notificando se recusou a apor o ciente. Gustavo, então, emitiu certidão circunstanciada sobre os fatos. Concluída a investigação, o Promotor ajuizou ação civil pública em face de Joaquim que, em sua contestação, alegou que não foi notificado em sede pré-processual. Em relação a tal argumento, na réplica, o Promotor destacou que, pelo princípio:

a) da legalidade do ato administrativo, o ônus da prova incumbe a quem alega, razão pela qual é necessário que o Ministério Público arrole o TNAI Gustavo para ser ouvido como testemunha na fase de instrução probatória;

b) da supremacia do interesse público sobre o particular, existe presunção absoluta de que o teor da certidão do TNAI é verdadeiro e o ato foi praticado com observância das normas legais pertinentes;

c) da lealdade processual, o ônus da prova incumbe a quem alega, razão pela qual é necessário que o Ministério Público arrole o TNAI Gustavo para ser ouvido como testemunha na fase de instrução probatória;

d) da presunção de legitimidade do ato administrativo, existe presunção relativa de que o teor da certidão do TNAI Gustavo é verdadeiro e o ato foi praticado com observância das normas legais pertinentes, razão pela qual se inverte o ônus da prova;

e) da boa-fé objetiva do ato administrativo, é preciso que se comprove a efetiva notificação de Joaquim pelo TNAI Gustavo, o que será feito com a oitiva de testemunhas que estavam presentes no bar no momento do ato.

2017/FGV/ALERJ/Procurador

A paridade dos proventos e pensões com a remuneração dos servidores públicos civis ativos:

a) constitui direito adquirido dos aposentados e pensionistas, previsto na EC nº 41/03 e na EC nº 47/05;

b) é mera expectativa de direito dos aposentados e pensionistas, prevista na EC nº 41/03 e na EC nº 47/05;
c) não pode ser suprimida por emenda constitucional, sob pena de violar a irredutibilidade remuneratória;
d) é prevista em regras de transição da EC nº 41/03 e da EC nº 47/05, podendo ser alterada por emenda constitucional;
e) está limitada à recomposição do poder aquisitivo, na forma do art. 40, § 8º, da Constituição Federal.

A banca da FGV não costuma repetir questões, e seu conteúdo é imprevisível. A única certeza é que todo o conteúdo programático constante do edital será, de um jeito ou de outro, questionado.

As etapas dos concursos podem variar conforme o cargo. O Exame de Ordem, por exemplo, possui duas fases: a primeira com questões de múltipla escolha e a segunda é uma prova discursiva, que consiste em elaborar uma peça, que faz parte do dia a dia da advocacia, e responder questões com o mesmo enfoque.

Mais uma vez, em relação ao Exame de Ordem, o candidato não precisa se deslocar para outra região. A prova é a mesma para todos, mas aplicada na Seccional, uma divisão territorial de atuação de determinado órgão, da residência do candidato. Portanto, se um candidato da região Nordeste prestar o exame, fará a prova em seu estado, assim como os candidatos do Sul, que farão no seu estado a mesma prova no mesmo dia.

Indicamos a seguir uma lista com os principais concursos realizados pela FGV. Essa lista tem caráter informativo e em hipótese alguma pode ser considerada definitiva ou inalterável.

> **Concursos**

☑ Agência Nacional de Águas – ANA
☑ Agência Nacional do Petróleo, Gás Natural e Biocombustíveis – ANP
☑ Assembleias Legislativas
☑ Banco do Nordeste
☑ Câmaras Municipais

- ☑ Defensorias
- ☑ Exame de Ordem
- ☑ IBGE (2017)
- ☑ Ministério Público
- ☑ Prefeituras
- ☑ Procuradorias
- ☑ Tribunais (Contas, Eleitoral, Federal, Justiça e Trabalho)
- ☑ Secretarias

Centro Brasileiro de Pesquisa em Avaliação e Seleção e de Promoção de Eventos – Cebraspe (antiga Cespe)

O Centro Brasileiro de Pesquisa em Avaliação e Seleção e de Promoção de Eventos (Cebraspe), mais conhecido como Cespe, é uma associação civil sem fins lucrativos de Direito privado, localizada em Brasília. Uma de suas funções, conforme seu regimento interno, é desenvolver atividades de suporte técnico e logístico a instituições públicas e privadas na área de avaliação e seleção.

A mais temida pelos candidatos, pois é uma banca muito precisa, suas provas são bem peculiares. Geralmente, não há diferença na estrutura das provas de nível médio e superior. Ambas são longas, complexas e bem elaboradas.

Além do modelo tradicional de múltipla escolha, apresentam o modelo certo ou errado. Nele, o candidato deve avaliar a assertiva individualmente e responder se está certa ou errada, podendo também deixá-la em branco. Veja, a seguir, alguns exemplos de questões:

2016/Cespe/PGE-AM/Procurador do Estado

Com relação aos mecanismos de defesa da CF e das Constituições estaduais, julgue o item a seguir.

Ante a constatação de que determinada lei municipal contraria princípio de intervenção (princípio sensível) presente tanto na CF como na Constituição estadual, o governador do estado poderá ajuizar ação de controle abstrato de normas tanto em relação à CF, perante o STF, como em relação à Constituição estadual, perante o respectivo tribunal de justiça.

( ) Certo   ( ) Errado

> ### 2017/Cespe/PC-GO/Delegado de Polícia Substituto
> **Considerando a jurisprudência do STF, assinale a opção correta com relação aos remédios do Direito constitucional.**
> a) É cabível *habeas corpus* contra decisão monocrática de ministro de tribunal.
> b) Em *habeas corpus* é inadmissível a alegação do princípio da insignificância no caso de delito de lesão corporal cometido em âmbito de violência doméstica contra a mulher.
> c) No mandado de segurança coletivo, o fato de haver o envolvimento de direito apenas de certa parte do quadro social afasta a legitimação da associação.
> d) O prazo para impetração do mandado de segurança é de cento e vinte dias, a contar da data em que o interessado tiver conhecimento oficial do ato a ser impugnado, havendo decadência se o mandado tiver sido protocolado a tempo perante juízo incompetente.
> e) O *habeas corpus* é o instrumento adequado para pleitear trancamento de processo de *impeachment*.

O Cespe (Cebraspe) não costuma utilizar todo o conteúdo do edital nas provas, mas exige do candidato um conhecimento mais profundo do que a simples decoreba de lei, por exemplo. Por vezes, pode levar o candidato a erro por apresentar uma fundamentação errada, porém muito convincente, para determinada questão.

Além de exigir do candidato um conhecimento globalizado, é uma prova que demanda estratégia para preencher o gabarito, devido a sua diferente contagem dos pontos. Pois há anulação de uma questão correta caso o candidato erre outra. Essa característica da banca é tão importante que há previsão nas dúvidas frequentes no *site* do Cespe. Vejamos:

> **Por que o Cespe/UnB utiliza o critério "uma errada anula uma certa"?**
> Para descartar a possibilidade de acerto ao acaso. O procedimento é justificável em um processo que visa selecionar o candidato com melhor capacidade de analisar, interpretar e responder a partir do que aprendeu, descartando o chute. A anulação de um item correto para cada resposta incorreta é, portanto, uma segurança a mais de que a classificação no processo se deve ao desempenho individual do candidato, e não à sorte.[1]

---

[1] Disponível em: <http://www.cespe.unb.br/perguntasFrequentes/>. Acesso em: 29.08.2017.

De fato, esse tipo de correção e o estilo de prova aplicado exigem do candidato um domínio interdisciplinar da área a ser avaliada.

Na leitura do edital das provas do Cespe, é fundamental prestar muita atenção para saber como a pontuação será distribuída. Nem sempre uma prova de 100 questões valerá 100 pontos, pois a banca costuma atribuir pesos diferentes para as questões. Assim, uma prova de 100 questões poderá valer, por exemplo, 120 pontos.

No edital é possível encontrar quais serão os pontos atribuídos para matérias comuns e específicas, quantos pontos serão descontados em caso de respostas erradas, quanto valerá a prova considerada como um todo e se será atribuído 0,00 para questões com marcação dupla ou sem marcação.

O Cespe tem realizado concursos bem importantes. Em 2015, selecionou analistas e técnicos judiciários do STJ, concurso que gera interesse para candidatos de todo o país.

Indicamos a seguir uma lista com os principais concursos realizados pelo Cespe. Essa lista possui caráter informativo e em hipótese alguma pode ser considerada definitiva ou inalterável.

➢ Concursos

- ☑ Advocacia-Geral da União
- ☑ Anatel
- ☑ Antaq
- ☑ Defensoria Pública
- ☑ Instituto Rio Branco
- ☑ Ministério Público da União
- ☑ Polícia Civil
- ☑ Polícia Federal
- ☑ Prefeituras
- ☑ Procuradorias
- ☑ Telebras
- ☑ Tribunais (de Contas, Eleitoral, Federal, de Justiça e Trabalho)
- ☑ Secretarias
- ☑ STJ

Fundação Cesgranrio

A Fundação Cesgranrio foi criada em 12 de outubro de 1971, no Rio de Janeiro, como Centro de Seleção de Candidatos ao Ensino Superior do Grande Rio, após a associação de doze instituições universitárias. É uma organização de grande porte que atua junto a diversos órgãos públicos nas esferas nacional, estadual e municipal, não só na realização de concursos públicos como também na área de pesquisa e treinamento de recursos humanos.

Costuma ser bastante requisitada para organizar concursos públicos na esfera federal, em empresas públicas. Podemos citar como exemplos o Banco do Brasil, a Petrobras e o IBGE, este último é um dos maiores concursos já feitos, com mais de 1 milhão de inscritos.

Os concursos realizados para empresas públicas geralmente oferecem cargos iniciais de nível médio, que permitem ao candidato alcançar novas colocações e desfrutar de benefícios, como plano de carreira e participação nos lucros. Também pode haver a possibilidade de se deslocar para outros estados onde a empresa tenha filiais.

As provas da Cesgranrio são de múltipla escolha e apresentam cinco alternativas. Geralmente trazem textos e enunciados longos e, em seguida, várias questões referentes ao texto (especialmente nas questões de português). A banca também apresenta questões mais objetivas, com resposta mais curta, e utiliza muitas imagens, o que pode exigir do candidato uma habilidade mais acurada para interpretá-las. Vejamos os exemplos:

2015/Cesgranrio/Liquigás/Profissional Júnior – Direito

Inúmeras são as formas de classificar as Constituições, desde que o movimento constitucionalista obteve a difusão desse valioso instrumento normativo.

Assim, quanto à estabilidade do texto, a Constituição pode ser considerada

a) formal.
b) outorgada.
c) escrita.
d) analítica.
e) flexível.

O velho olhando o mar

Meu carro para numa esquina da praia de Copacabana às 9h30 e vejo um velho vestido de branco numa cadeira de rodas olhando o mar a distância. Por ele passam pernas portentosas, reluzentes cabeleiras adolescentes e os bíceps de jovens surfistas. Mas ele permanece sentado olhando o mar a distância. [...]

O carro continua parado, o sinal fechado e o estupendo calor da vida batia de frente sobre mim. Tudo em torno era uma ávida solicitação dos sentidos. Por isso, paradoxalmente, fixei-me por um instante naquele corpo que parecia ancorado do outro lado das coisas. E sem fazer qualquer esforço comecei a imaginá-lo quando jovem. É um exercício estranho esse de começar a remoçar um corpo na imaginação, injetar movimento e desejo nos seus músculos, acelerando nele, de novo, a avareza de viver cada instante.

A gente tem a leviandade de achar que os velhos nasceram velhos, que estão ali apenas para assistir ao nosso crescimento. Me lembro que, menino, ao ver um velho parente relatar fatos de sua juventude, tinha sempre a sensação de que ele estava inventando uma estória para me convencer de alguma coisa.

No entanto, aquele velho que vejo na esquina da praia de Copacabana deve ter sido jovem algum dia, em alguma outra praia, nos braços de algum amor, bebendo e farreando irresponsavelmente e achando que o estoque da vida era ilimitado.

Teria ele algum desejo ao olhar as coxas das banhistas que passam? Olhando alguma delas teria se posto a lembrar de outros corpos que conheceu? Os que por ele passam poderiam supor que ele fazia maravilhas na cama ou nas pistas de dança? [...]

Ele está ali, eu no meu carro, e me dou conta de que um número crescente de amigos e conhecidos tem me pronunciado a palavra "aposentadoria" ultimamente. Isso é uma síndrome grave. Em breve estarei cercado de aposentados e forçosamente me aposentarão. Então, imagino, vou passear de *short* branco e boné pelo calçadão da praia, fingindo ser um almirante aposentado, aproveitando o sol mais ameno das 9h30 até cair sentado numa cadeira e ficar olhando o mar. [...]

Meu carro, no entanto, continua parado no sinal da praia de Copacabana. O carro apenas, porque a imaginação, entre o sinal vermelho e o verde, viajou intensamente. Vou ter de deixar ali o velho e sua acompanhante olhando o mar por mim. Vou viver a vida por ele, me iludir de que no escritório transformo o mundo com telefonemas, projetos e papéis. Um dia talvez esteja naquela cadeira olhando o mar a distância, a vida distante.

Mas que ao olhar para dentro eu tenha muito que rever e contemplar. Nesse caso não me importarei que o moço que estiver no seu carro parado no sinal imagine coisas sobre mim. Estarei olhando o mar, o mar interior, e terei navegantes alegrias que nenhum passante compreenderá.

SANT'ANNA, A. R. **Coleção melhores crônicas** –
Affonso Romano de Sant'Anna. Seleção e prefácio: Letícia
Malard. São Paulo: Global, 2003.

> **2016/Cesgranrio/Transpetro/Segundo Oficial de Máquinas**
>
> No início da narrativa (1º parágrafo), o velho desperta a atenção do motorista porque
> a) estava atrapalhando o trânsito.
> b) tinha uma doença grave.
> c) vestia roupas brancas.
> d) olhava o mar de modo contemplativo.
> e) provoca uma reflexão sobre o próprio narrador.

A banca usa praticamente todo o conteúdo do edital.

> **DICA!** Separe tempo para resolver provas de concursos anteriores, pois as questões costumam ter estrutura semelhante.

A título de curiosidade, em 2015, a Fundação Cesgranrio realizou concurso para o Banco do Brasil (cargo de escriturário), certame sempre muito concorrido, com três fases:

> 1ª Etapa – Avaliação de conhecimentos, mediante a aplicação de provas objetivas, de caráter eliminatório e classificatório, sob a responsabilidade da Fundação Cesgranrio;
> 2ª Etapa – Prova de redação, de caráter eliminatório, sob a responsabilidade da Fundação Cesgranrio;
> 3ª Etapa – Perícias médicas e procedimentos admissionais, de caráter eliminatório, sob a responsabilidade do Banco do Brasil.[2]

Indicamos a seguir uma lista com os principais concursos realizados pela Cesgranrio. Essa lista possui caráter informativo e em hipótese alguma pode ser considerada definitiva ou inalterável.

---

[2] Disponível em: <http://www.cesgranrio.org.br/concursos/evento.aspx?id=bb0115>. Acesso em: 29.08.2017.

➤ Concursos

- ☑ Agência Nacional do Petróleo – ANP
- ☑ Banco da Amazônia
- ☑ Banco do Brasil
- ☑ IBGE
- ☑ Liquigás Distribuidora S.A.
- ☑ Petrobras Distribuidora S.A.
- ☑ Transpetro – Petrobras Transporte S.A.

Fundação para o Vestibular da Universidade Estadual Paulista – Vunesp

A Fundação para o Vestibular da Universidade Estadual Paulista (Vunesp) foi criada, em 26 de outubro de 1979, pelo Conselho Universitário da Unesp. É uma fundação sem fins lucrativos.

Suas principais atividades estão ligadas à organização do vestibular da Universidade Estadual Paulista (Unesp) e à execução de todas as atividades a ele relacionadas, como pesquisa, planejamento, realização e estatísticas.

A Vunesp é uma banca que, além de atuar bastante em vestibulares, realiza também algumas avaliações de proficiência e aptidão e, é claro, diversos concursos para câmaras municipais, polícia, prefeituras, tribunais etc. Geralmente, é a mais solicitada para realizar concursos de órgãos públicos do estado de São Paulo.

Apresenta questões de múltipla escolha com cinco alternativas. Vejamos um exemplo:

2017/Vunesp/Câmara de Mogi das Cruzes – SP/Procurador Jurídico

O trabalho em *home office*:

a) é modalidade de teletrabalho exercido com autonomia.

b) pode ser exercido sob a forma de relação de emprego.

c) pressupõe a existência da relação de emprego.

d) não pode ser exercido sob a forma de relação de emprego.

e) pressupõe o trabalho prestado pelo empregado com a ajuda de membros da família.

Geralmente, a banca utiliza todos os itens constantes do edital. As questões de português, costumam ser elaboradas com base em textos retirados ou adaptados de jornais de grande circulação de São Paulo. Aquelas que envolvem gramática são bem elaboradas e exigem um bom conhecimento do candidato.

2016/Vunesp/ODAC/Agente Administrativo e Supervisor Recenseador

Por que achamos que ser magro é bonito?

Dieta da sopa, da lua, do pepino, da batata doce, para secar a barriga. Em um passeio rápido pela internet, não é nada difícil pinçar alguns exemplos de uma obsessão pela magreza. Mas por que queremos tanto emagrecer? Por que achamos que "magreza = beleza"?

A preocupação com o ponteiro da balança está longe de ser apenas uma preocupação com a saúde. Essa neura com o peso não vem dos tempos mais remotos. Basta espiar as obras de arte dos séculos passados e ver que a figura feminina idealizada ali concentrava mais gordura do que as modelos de hoje. O quadril largo, as coxas generosas, o rosto mais cheinho eram traços valorizados nas musas. Ainda que o padrão em si tenha mudado, a lógica permanece. "Os padrões de beleza que aparecem ao longo da história são, como regra, acessíveis a poucos", aponta a psicóloga Joana de Vilhena Novaes.

Quando fazer as três refeições básicas diariamente era um luxo e morrer de fome era um destino comum para as pessoas, a gordura era um privilégio. Agora, já que temos mais comida à disposição, mais jeitos de conservá-la, comer é fácil. Portanto, não é de estranhar que as modelos extremamente magras sejam colocadas em um pedestal. É mais difícil ser muito magra com tantas calorias à disposição. O corpo magro e jovem também exige cada vez mais procedimentos estéticos e cirurgias para atingir a dita "perfeição" – exige dinheiro, mais um obstáculo.

Só no Brasil, um terço das meninas que estão no 9º ano do Ensino Fundamental já se preocupam com o peso, de acordo com uma pesquisa de 2013 do IBGE. Em âmbito global, a probabilidade de que uma moça com idade entre 15 e 24 anos morra em decorrência de anorexia é 12 vezes maior que por qualquer outra causa. E não é à toa que as vítimas mais comuns sejam as mulheres. A nutricionista Paola Altheia explica a tendência: "Enquanto a moeda de valor masculina na sociedade é dinheiro, poder e influência, a das mulheres é a aparência".

(Ana Luísa Fernandes, Priscila Bellini. http://super.abril.com.br. 08.07.2015. Adaptado)

> **De acordo com o texto, a preocupação com o corpo magro é**
>
> a) histórica, pois nos séculos passados as musas cuidavam de suas curvas com especial atenção.
>
> b) recente, já que o padrão de beleza dos séculos passados valorizava os corpos mais gordos.
>
> c) fictícia, uma vez que esse padrão de beleza se circunscreve às idealizações feitas por artistas.
>
> d) elitista, porque a magreza é uma característica exclusiva dos ricos e inacessível aos muito pobres.
>
> e) recomendável, na medida em que tem resultado no cultivo de hábitos nutricionais mais saudáveis.

Nas provas de Direito, o candidato deve dominar o texto de lei e estar atento às pequenas alterações implantadas nas questões, que podem alterar substancialmente seu conteúdo.

Indicamos a seguir uma lista com os principais concursos realizados pela Vunesp. Essa lista possui caráter informativo e em hipótese alguma pode ser considerada definitiva ou inalterável.

➢ Concursos

- ☑ Academia de Polícia Militar do Barro Branco
- ☑ Câmaras Municipais
- ☑ Instituto de Assistência Médica ao Servidor Público Estadual – Iamspe
- ☑ Ministério Público – SP
- ☑ Polícia Civil – SP
- ☑ Polícia Militar – SP
- ☑ Prefeituras

Escola de Administração Fazendária – Esaf

Em 1967, foi criado o Centro de Treinamento do Ministério da Fazenda (Cetremfa), cujo objetivo era o aperfeiçoamento de pessoal. Mais tarde, em 8 de novembro de 1973, esse Centro de Treinamento se transformou na Escola de Administração Fazendária (Esaf), localizada em Brasília. Em 1975, foi institucionalizada como Órgão Central de Direção de Atividades Específicas do Ministério da Fazenda e, um ano depois, teve seu regimento interno aprovado, sendo considerada "sistema de Educação Permanente", o que contribuiu para que estivesse presente na seleção e no aprimoramento dos servidores.

A banca ganhou destaque por suas provas de elevado grau de dificuldade e especificidade. Um dos diferenciais da Esaf está no tipo de questão. Além da possibilidade de assinalar a alternativa correta ou incorreta, costuma perguntar sobre as exceções existentes, partindo de um entendimento do Supremo Tribunal Federal. As questões possuem cinco alternativas e quase sempre são extensas, dando a impressão de que um dos objetivos da banca é vencer o candidato pelo cansaço. Vejamos os exemplos a seguir:

2014/Esaf/Receita Federal/Auditor-Fiscal da Receita Federal – Prova 02

A desoneração do ICMS – Imposto sobre Operações Relativas à Circulação de Mercadorias e sobre Prestações de Serviços de Transporte Interestadual e Intermunicipal e de Comunicação – das exportações, cuja finalidade é o incentivo a estas, desonerando as mercadorias nacionais do seu ônus econômico, de modo a permitir que as empresas brasileiras exportem produtos, e não tributos – imuniza as operações de exportação e assegura a manutenção e o aproveitamento do montante do imposto (ICMS) cobrado nas operações e prestações anteriores. Consoante entendimento do STF sobre tal dispositivo, podemos afirmar, exceto, que:

a) o aproveitamento dos créditos de ICMS, por ocasião da saída imune para o exterior, gera receita tributável por parte da Cofins e da Contribuição para o PIS.

b) adquirida a mercadoria, a empresa exportadora pode creditar-se do ICMS anteriormente pago, mas somente poderá transferir a terceiros o saldo credor acumulado após a saída da mercadoria com destino ao exterior.

c) sob o específico prisma constitucional, receita bruta pode ser definida como o ingresso financeiro que se integra no patrimônio na condição de elemento novo e positivo, sem reservas ou condições.

d) o aproveitamento de créditos de ICMS, por ocasião da saída imune para o exterior, constitui mera recuperação do ônus econômico advindo do ICMS, assegurada expressamente pela Constituição Federal.

e) o conceito de receita, acolhido pela Constituição Federal, não se confunde com o conceito contábil.

2016/Esaf/FUNAI/Prova: Conhecimentos Gerais

Os trechos abaixo constituem um texto, mas estão desordenados. Ordene-os de forma a comporem um texto coeso e coerente. A seguir, assinale a opção correta.

( ) Com esse objetivo, uma equipe do ISA, composta de 50 integrantes, presta assessoria aos índios sobre questões burocráticas, trabalhos de vigilância e geração de renda, defesa e segurança do território, visando, entre outras coisas, a apoiá-los no desenvolvimento de atividades sustentáveis.

( ) Meio século depois da criação do Parque Indígena do Xingu, os índios provam diariamente sua autonomia. Várias aldeias e etnias se organizaram em associações, que desenvolvem projetos e levantam recursos para resolver questões internas e externas.

( ) O coordenador adjunto do Programa Xingu do Instituto Socioambiental (ISA) informa que o eixo principal de atuação desse Instituto é contribuir para a solução dessas questões e para a efetiva apropriação do parque pelos índios, de modo a evitar que o assédio do mundo externo os induza a práticas prejudiciais ao meio ambiente, como venda de peixes, madeira e areia, em condições ambientais inadequadas.

( ) De 2007 até hoje, já foram vendidas 150 toneladas dessas sementes, empregadas no reflorestamento ao longo dos rios da bacia do Xingu. Além da atuação positiva em favor do meio ambiente, os índios agem de modo cada vez mais eficaz na defesa e segurança do seu território.

( ) Como resultado dessa assessoria e da atitude afirmativa dos xinguanos, estes passaram a comercializar diferentes tipos de pimenta, mel e sementes florestais, com resultados expressivos de geração de renda. Isso é importante, já que, nesse processo, os índios incorporaram bens de consumo ao seu dia a dia e querem dinheiro para comprar, entre outras coisas, roupas, sabão em pó, panela, barco motorizado.

(Adaptado de *Planeta*/abr. 2016, p. 22-23.)

a) 3 – 1 – 2 – 5 – 4
b) 4 – 3 – 1 – 5 – 2
c) 5 – 4 – 2 – 3 – 1
d) 2 – 4 – 1 – 3 – 5
e) 3 – 5 – 4 – 2 – 1

As provas de português têm longos textos. Já a prova de Direito exige do candidato conhecimento da doutrina e da jurisprudência do Supremo Tribunal Federal. Dificilmente (mas não impossível) são inseridas questões que demandam conhecimento literal do texto de lei, pois a banca costuma avaliar a habilidade de raciocinar sobre a questão apresentada.

Cap. 4 ★ BANCAS EXAMINADORAS **121**

A parte ruim disso é que, como existem diversos entendimentos doutrinários, as questões costumam gerar uma enxurrada de recursos, o que pode atrasar o desenvolvimento do certame.

Quanto à pontuação, a Esaf especifica nota mínima por disciplina, por isso, batemos na tecla do conhecimento global para quem deseja realizar provas dessa banca.

As provas orais não costumam fugir dos pontos elencados no edital. Cabe ao candidato ficar atento para ser objetivo e não "encher linguiça" na resposta.

Um dos concursos mais aguardados e concorridos organizados pela Esaf é o de Auditor-Fiscal da Receita Federal. O último, realizado em 2014, foi bastante disputado: para 278 vagas, já incluídas aquelas reservadas para portadores de deficiência, 68.540 candidatos se inscreveram.[3]

Indicamos a seguir uma lista com os principais concursos realizados pela Esaf. Essa lista possui caráter informativo e em hipótese alguma pode ser considerada definitiva ou inalterável.

➢ Concursos

- ☑ Agência Nacional de Aviação Civil – Anac
- ☑ Analista de Planejamento e Orçamento – APO
- ☑ Auditor-Fiscal da Receita Federal do Brasil – AFRFB
- ☑ Especialista em Políticas Públicas e Gestão Governamental
- ☑ Fundação Nacional do Índio – Funai
- ☑ Ministério da Agricultura, Pecuária e Abastecimento – Mapa
- ☑ Procurador da Fazenda Nacional – PFN

Consulplan

A Consulplan, localizada em Minas Gerais, é a única empresa privada entre as institucionais aqui mencionadas. Diferentemente das outras bancas, não possui relação com universidades ou centros de treinamento.

O seu objetivo, desde o início das atividades, é organizar concursos, característica que a distingue das demais, cujo foco principal é a educação superior e o desenvolvimento de pesquisas.

---

[3] Disponível em: <http://www.esaf.fazenda.gov.br/assuntos/concursos_publicos/em-andamento-1/copy_of_auditor-fiscal-da-receita-federal-do-brasil/rela-cand-x-vaga.pdf>. Acesso em: 30.08.2017.

Inicialmente, a Consulplan fazia apenas concursos de prefeituras e câmaras municipais da Zona da Mata. Com o passar dos anos, se desenvolveu e passou a aplicar provas em outros estados do Sudeste, para, finalmente, chegar ao âmbito federal. O primeiro concurso federal realizado por essa banca foi o da Embrapa, em 2007, com provas realizadas em todo o país.

Outra característica da Consulplan é manter parceria com outras bancas, auxiliando-as na execução de seus processos seletivos.

Em relação à prova, a banca apresenta questões de múltipla escolha com quatro alternativas. Geralmente utiliza textos curtos, o que contribui para que o candidato consiga resolver a prova sem se cansar.

Nas provas de Língua Portuguesa, as questões são prioritariamente de gramática, utilizando-se de textos de jornais e poemas para construir seus enunciados.

Nas provas de Direito, a Consulplan trabalha com a literalidade do texto de lei, ou seja, dispensa, em um primeiro momento, conhecimento aprofundado de debates e posições doutrinárias, bem como da jurisprudência dos tribunais.

Contudo, não pense em estudar pouco. Pense em estudar com estratégia! Já que não será necessário o estudo exaustivo da doutrina e da jurisprudência, estude a lei, até porque, em questões que demandam o conhecimento do texto legal, são os detalhes que separam você da aprovação. Aqui, estamos falando em estabelecer prioridades, e não em suprimir o estudo de alguma matéria ou não dar a devida atenção a alguma fonte de conhecimento.

Verifique as questões seguintes:

2017/Consulplan/TRF – 2ª Região/Analista Judiciário – Área Judiciária

Texto II para responder à questão.

O mundo e os refugiados

[...] Na discussão dos extremos no século 21 cabe um paralelismo com os do século 20. Lembro, assim, a análise de Hannah Arendt a respeito daqueles que na Europa pós-1ª Guerra Mundial se viram, por obra dos totalitarismos, expulsos da trindade Estado-povo-território, tornaram-se indesejáveis não documentados em quase todos os lugares e tidos como descartáveis – ponto de partida dos campos de refugiados, facilitadores dos campos de concentração.

Foi a reação diplomática a essas catástrofes que levou à "ideia a realizar", que está na origem da ONU, de institucionalizar uma comunidade internacional atenta aos direitos fundamentais e à dignidade do ser humano. Partiu-se conceitualmente do pressuposto kantiano de um direito à hospitalidade universal, lastreado na hipótese de que a violação do direito num ponto da Terra seria efetivamente sentida em todos os demais. É esta, a "ideia a realizar" de uma comunidade internacional tuteladora do direito à hospitalidade universal, que está hoje em questão de maneira dramática.

Na perspectiva do efeito destrutivo atual dos extremos, cabe sublinhar a trágica precariedade que assola a vida de pessoas nas regiões do que pode ser qualificado de o arco da crise. No Oriente Médio e em partes da África há Estados falidos (como o Iraque e a Líbia), Estados em estado pré-falimentar, conflitos e guerras civis que se prolongam com intervenções extrarregionais, como a que desagrega a Síria, a precariedade e artificialidade de fronteiras interestatais, que instigam conflitos étnicos e religiosos. Tudo isso, em conjunto, vem catalisando a existência dessa enorme população de excluídos do mundo comum, refugiados que fogem do arco da crise, sem encontrar destino e acolhida.

O número de pessoas que buscam asilo, estão internamente deslocadas nos seus países ou são refugiadas por obra de guerras e perseguições se elevou de 59.6 milhões em 2014 para 65.3 milhões de pessoas no final de 2015. Isso significa que uma em cada 113 pessoas da população mundial está fora do mundo comum e não tem acesso ao direito à hospitalidade universal. Cerca de 51% de refugiados do mundo são crianças, muitas separadas dos pais e viajando sozinhas à procura de destino. A situação da Síria, a do Sudão do Sul, a do Iêmen, do Burundi, da República Centro-Africana são forças alimentadoras desse fluxo de pessoas de países de baixa renda que enfrentam essa dura realidade.

O limbo em que se encontram os excluídos do mundo comum, mais tenebroso que os círculos do inferno de Dante, é, na perspectiva de uma razão abrangente da humanidade, a mais grave tensão difusa que permeia a vida internacional.

(Celso Lafer, 17 julho 2016. Disponível em: <http://opiniao.estadao. com.br/noticias/geral,o-mundo-e-os-refugiados,10000063317>. Acesso em: janeiro de 2017. Adaptado.)

De acordo com a norma-padrão da língua portuguesa, quanto às estruturas linguísticas do período "O número de pessoas que buscam asilo, estão internamente deslocadas nos seus países ou são refugiadas por obra de guerras e perseguições, se elevou de 59.6 milhões em 2014 para 65.3 milhões de pessoas no final de 2015." (§ 4º), analise as afirmativas a seguir.

I   A forma do reflexivo "se" foi empregada para exprimir a reciprocidade da ação, indicando que tal ação é mútua entre mais de dois indivíduos.

II. A expressão "estão deslocadas" é uma referência ao termo "número" cujo sentido coletivo permite que a concordância seja estabelecida no plural.

III. Ao verbo "buscar", no trecho destacado, faculta-se a variação quanto ao número – singular ou plural – de acordo com a concordância estabelecida.

Está(ão) correta(s) apenas a(s) afirmativa(s)

a) I.

b) III.

c) I e II.

d) II e III.

2016/Consulplan/TJ-MG/Titular de Serviços de Notas e de Registros – Provimento

A Constituição da República brasileira reconheceu a instituição do Tribunal do Júri como competente para julgar os crimes dolosos contra a vida, com a organização que lhe der a legislação, assegurando-lhe, explicitamente, tradicionais valores, EXCETO:

a) o princípio do contraditório.

b) o sigilo das votações.

c) A soberania dos veredictos.

d) A plenitude de defesa.

Uma informação importante é que a Consulplan, embora tenha ampliado o seu âmbito de atuação, continua bastante atuante junto às prefeituras.

Indicamos a seguir uma lista com os principais concursos realizados pela Consulplan. Essa lista possui caráter informativo e em hipótese alguma pode ser considerada definitiva ou inalterável.

➤ Concursos

☑ Companhia Brasileira de Trens Urbanos – CBTU

☑ Conselho Federal de Serviço Social – CFESS

Cap. 4 ★ BANCAS EXAMINADORAS

☑ Corpo de Bombeiros

☑ Polícia Militar

☑ Prefeituras

☑ Tribunais (Federal/Justiça)

☑ Vestibulares

Outras bancas

Como dissemos, existem inúmeras bancas examinadoras espalhadas pelo país, realizando concursos que talvez não tenham tanta visibilidade por serem locais ou porque a banca está iniciando um trabalho de seleção com determinado órgão.

Ressaltamos que as regras gerais aplicadas para as bancas de maior destaque também serão aplicadas aqui, levando-se em consideração as características de cada uma delas.

No que se refere às provas, em regra, bancas menos conhecidas costumam utilizar questões de múltipla escolha, variando o número de alternativas entre quatro e cinco. Aqui, mais uma vez, enfatizamos a importância da leitura do edital, que esclarecerá sobre as especificidades da prova ou da banca que a realiza.

Em regra, as bancas iniciam suas atividades realizando concursos de menor porte, como os de prefeituras, que, no geral, têm inscritos os habitantes do respectivo município. Caso o certame se desenvolva sem percalços, a organizadora, naturalmente, diversificará suas atividades para outros órgãos e instituições.

Caso seu concurso seja organizado por alguma banca que ainda não é muito famosa, não se preocupe. Essas instituições também prezam a qualidade, a precisão, o sigilo e a transparência. Por vezes, sua especialidade é justamente a aplicação de provas em pequenos municípios. Se o concurso for regionalizado, é natural que seja organizado por uma instituição do local onde se realizará a prova.

Você deve agir da mesma maneira: faça a leitura atenta do edital, busque provas anteriores para verificar o "jeitão" de a prova ser aplicada, tenha disciplina nos estudos e treine com os exercícios.

Veja a seguir um rol exemplificativo de bancas de menor porte:

➤ Assessoria em Organização de Concursos Públicos – AOCP
➤ Coordenadoria de apoio a Instituições Públicas – Caipimes /Caip
➤ Coordenadoria de Concursos/Universidade Federal do Ceará
➤ Cetro Concursos – CCV/UFC
➤ Comissão Permanente do Vestibular – Comperve
➤ Universidade Federal de Alagoas – Copeve/Ufal
➤ Instituto Americano de Desenvolvimento – Iades
➤ Instituto de Desenvolvimento Educacional, Cultural e Assistencial Nacional – Idecan
➤ Instituto de Estudos Superiores do Extremo Sul – Ieses
➤ Instituto Cidades
➤ Instituto Quadrix
➤ Fundação Mariana Resende Costa – Fumarc
➤ Fundação Sousândrade
➤ Fundação CefetBahia
➤ MS Concursos
➤ Núcleo de Concursos e Promoção de Eventos/Universidade Estadual do Piauí – Nucepe/Uespi
➤ Pontifícia Universidade Católica do Paraná – PUC-PR
➤ Sigma RH
➤ Zambini

Por fim, tenha em mente que, em alguns casos, a própria instituição (por exemplo, Polícia Civil, Ministérios Públicos e Tribunais) pode tomar a frente e planejar, organizar e realizar seus próprios processos seletivos, por meio de provas e/ou provas e títulos.

4.3. COMO A BANCA INFLUENCIA NA PROVA

A banca influencia muito em termos de estratégia. Saber como funciona a banca examinadora do seu concurso é fundamental para a organização do seu estudo e para um desempenho melhor na hora da prova.

É essencial mencionar que, na sua grande maioria, os concursos públicos são divididos em fases que medem diferentes aspectos do conhecimento do candidato. Essas fases podem ser: classificatória, eliminatória ou classificatória e eliminatória. Para isso é preciso verificar com atenção o edital, pois, mais uma vez, é ele quem vai dizer.

No que se refere aos tipos de provas, aplicadas em diferentes fases, temos provas objetivas, discursivas, de aptidão física, avaliação psicológica, investigação social, avaliação de títulos, avaliação médica, prova prática e exame oral.

- **Objetivas.** São provas que exigem do candidato um conhecimento mais abrangente, pois indagam sobre todas as matérias do edital em questões de múltipla escolha. Como mostramos, o estilo da prova objetiva varia conforme a banca.

  - **Discursivas.** São aquelas que avaliam o modo como o candidato constrói suas ideias por escrito. Em concursos de nível fundamental e médio, geralmente, as provas cobram a elaboração de um texto que pode ser narrativo, descritivo ou argumentativo. Usualmente, as provas são discursivas argumentativas. Contudo, é importante mencionar que, em determinados certames, as provas discursivas podem se apresentar de maneira distinta, como resolução de questões por escrito, elaboração de pareceres ou peças relacionadas com a rotina da carreira.

- **Aptidão física.** Costuma ser uma fase de caráter eliminatório e tem como objetivo verificar se o candidato está apto para o Curso de Formação Profissional e consegue desempenhar o esforço físico exigido pela carreira pretendida. É muito comum nos concursos para as carreiras policiais. Nestes, com algumas variantes, os candidatos devem correr, fazer teste em barra fixa, entre outros elencados no edital.
  Por exemplo, no último concurso do Cespe para Agente da Polícia Federal (2014), foram exigidos:

  1. Teste em barra fixa
  2. Impulsão horizontal

3. Corrida – 12 minutos
4. Natação – 50 metros

- **Avaliação psicológica.** Em regra, possui caráter eliminatório e busca avaliar se as características psicológicas do candidato são compatíveis com o desempenho das atividades exigidas pelo cargo. Leva em consideração a capacidade de concentração, o raciocínio, o relacionamento interpessoal, a disciplina, o controle emocional, entre outros.

- **Investigação social.** Também possui caráter eliminatório e busca avaliar a conduta moral do candidato. Visa desclassificar os candidatos que possuem conduta social incompatível com o cargo pretendido. Os pontos investigados podem variar de um concurso para outro, cada edital estabelece o que será avaliado. Costuma ser mais comum nas carreiras policiais.

- **Avaliação de títulos.** Em regra, possui caráter classificatório. Nessa fase são considerados cursos de pós-graduação, mestrado e doutorado, textos técnicos publicados, entre outros. Mais uma vez, o edital de cada concurso é que vai dizer qual será a especialização relevante para contar pontos e, como consequência, contribuir para a classificação.

- **Avaliação médica.** Verifica se o candidato possui aptidão física e mental para o exercício de suas atividades. Aqui, são solicitados exames clínicos especificados no edital.

- **Prova prática.** Aquela que exige dos candidatos conhecimento e experiência prática de alguma atividade relacionada ao desempenho da função. Um bom exemplo é a prova de digitação exigida nos concursos de Escrevente de Tribunal, esse conhecimento está intimamente ligado à rotina de atividades do cargo.

- **Exame oral.** Consiste em questionar oralmente o candidato sobre os assuntos constantes do edital e relacionados com a carreira. Essa fase exige boa oratória, além da capacidade de conectar ideias rapidamente e sob pressão, uma vez que professores e especialistas em determinado assunto aguardam a resposta em tempo real, com a maior agilidade possível. Aqui, esperam-se respostas objetivas e bem fundamentadas, sem digressões, divagações filosóficas desnecessárias e não questionadas. O candidato deve responder apenas ao que foi solicitado, em conformidade com o entendimento da banca e as características do certame. Assim, por exemplo, se a banca costuma cobrar um entendimento tradicional acerca de certos temas, o candidato não deve dar respostas modernas e inovadoras.

Considerando os tipos de avaliações existentes e as características da banca organizadora, a conclusão a que chegamos é que todo o seu estudo deve ser permeado pela banca responsável por realizar o concurso de seu interesse. Assim, se uma banca costuma apresentar questões objetivas e alinhadas com texto de lei, seria um desperdício de tempo estudar apenas teorias e textos filosóficos para responder à prova objetiva.

Então, para concursos das áreas jurídica, fiscal, bancária e de segurança pública, o conhecimento aplicado deve ser dividido, tendo em vista as fases que serão exigidas pelo certame, bem como seu desempenho em cada uma delas. Portanto, se você tem facilidade em provas discursivas, pode diminuir seu estudo específico por algum tempo, para se dedicar mais ao estudo para outra fase, em que sua desenvoltura não seja das melhores.

Muitas vezes, uma mesma banca pode variar o estilo de prova conforme o cargo. Assim, para o cargo de nível médio, tem questões mais objetivas fundamentadas em texto de lei, e para um cargo de nível superior, pode haver uma mescla entre algumas questões pautadas no texto de lei e outras em posicionamentos doutrinários específicos.

Com essas informações alinhadas, arregace as mangas e vá atrás de seus sonhos!

4.4. PECULIARIDADES – O QUE SABER SOBRE CADA BANCA

BANCAS EXAMINADORAS – PROVAS OBJETIVAS							
	FCC	**FGV**	**Cespe**	**Cesgran-rio**	**Vunesp**	**Esaf**	**Consul-plan**
Como costuma perguntar?	Múltipla escolha (com cinco alternativas)	Múltipla escolha (com cinco alternativas)	Certo ou errado + Múltipla escolha (com cinco alternativas)	Múltipla escolha (com cinco alternativas)	Múltipla escolha (com cinco alternativas)	Múltipla escolha (com cinco alternativas)	Múltipla escolha (com quatro alternativas)
Utiliza todo o conteúdo programático do edital?	Em regra, sim	Em regra, sim, inclusive as notas de rodapé	Geralmente, não	Em regra, sim	Em regra, sim	Geralmente, não	Em regra, sim
O que costuma perguntar sobre Língua Portuguesa?	Interpretação de texto + Gramática aprofundada	Interpretação de texto + Gramática	Gramática aprofundada	Interpretação de texto + Gramática	Gramática aprofundada	Interpretação de texto	Gramática aprofundada
O que costuma perguntar sobre legislação?	Texto de lei	Texto de lei + Jurisprudência STF/STJ	Texto de lei + Doutrina + Jurisprudência STF/STJ	Texto de lei	Texto de lei	Texto de lei + Doutrina + Jurisprudência STF	Texto de lei

Cap. 4 ★ BANCAS EXAMINADORAS

BANCAS EXAMINADORAS – PROVAS OBJETIVAS							
	FCC	FGV	Cespe	Cesgran-rio	Vunesp	Esaf	Consul-plan
Características da prova de Língua Portuguesa	Textos lonços	Textos longos	Textos médios/curtos (prova extensa)	Textos longos	Textos médios	Textos longos + Textos curtos (prova extensa)	Textos médios/curtos
Características da prova de legislação	Questões diretas	Questões diretas	Demandam capacidade de raciocinar a questão + Conhecimento global	Questões diretas	Questões diretas	Demandam capacidade de raciocinar a questão + Conhecimento global	Questões diretas
Recursos (quantidade)	Quartidade normal	Quantidade normal	Muitos	Quantidade normal	Quantidade normal	Muitos, muitos mesmo	Quantidade normal
Concurso destaque	Defensorias Públicas	Exame de Ordem	Polícia Federal	Petrobras Distribuidora S.A.	Prefeituras e Tribunais de Justiça	Auditor-Fiscal e Técnico da Receita Federal do Brasil	Prefeituras

CAPÍTULO 5

O QUE ESTUDAR E COMO ESTUDAR

5

Sumário: 5.1. Por onde começar – 5.2. Como estudar: Dicas gerais para estudo; Tipos de aprendizagem – Método VAK (Visual, Auditivo, Cinestésico); Teste – 5.3. O que estudar: Língua Portuguesa; Matemática/Raciocínio lógico; Informática; Atualidades/Conhecimentos gerais; Direito Constitucional; Direito Administrativo – 5.4. Ferramentas e materiais para estudo: Cursos preparatórios para concursos públicos; Videoaulas; *Sites* especializados; Aplicativos; Livros voltados a concursos; Códigos e Legislação – 5.5. Desistir? Jamais.

5.1. POR ONDE COMEÇAR

Se você está entrando agora na área dos concursos públicos, já está convencido de que quer tentar uma carreira pública e entendeu que, para isso, precisará encarar as tão temidas provas. Então, chegou a hora de você se preparar, colocar a mão na massa e encarar esse desafio.

Neste capítulo, visitaremos as técnicas mais utilizadas para otimizar os estudos e analisaremos qual seria mais adequada para você. Observaremos também a necessidade de manter a organização e o foco, além da disciplina.

Agora, veremos algumas etapas essenciais para esse primeiro momento.

Passo 1 – Definir a carreira

Primeiramente, escolha a carreira que gostaria de seguir, tendo em mente seus objetivos profissionais e também seu perfil – temas abordados nos Capítulos 2 e 3.

Em todas as carreiras existem algumas peculiaridades e matérias específicas, precisaremos levá-las em consideração, juntamente com suas habilidades e dificuldades, para traçar uma estratégia eficiente para você.

Na área fiscal, por exemplo, a maioria das questões está ligada a matérias de exatas. Nesse caso, se você não se identifica tanto com o universo matemático, talvez precise traçar planos próprios para se dar bem na prova. Outro exemplo são as carreiras policiais, que exigem testes de aptidão física, nos quais é preciso um preparo específico de acordo com as exigências do edital.

Para te ajudar nessa escolha, elaboramos um infográfico, que você encontrará no final do livro, para apresentar as matérias cobradas em cada concurso. Assim, você poderá visualizar com mais clareza quais cargos podem aproveitar suas habilidades em determinadas matérias.

Passo 2 – Ler o edital

O edital é o guia para prestar o concurso, como já vimos no Capítulo 1. É nele que você encontrará as informações fundamentais, como os requisitos para a inscrição, o regime de trabalho, os critérios para a classificação, a data das provas, as exigências de cada uma das fases do concurso, as matérias gerais e específicas, entre outras.

Porém, como editais de concurso são lançados, em média, entre 45 e 90 dias antes da prova, o ideal é iniciar sua preparação de acordo com o edital do último concurso realizado do cargo pretendido, para estudá-lo e, assim, ter a oportunidade de se planejar com mais antecedência.

Passo 3 – Elaborar seu plano de ataque

Como você já deve ter percebido, a escolha de tornar-se um concurseiro vai impactar em muitos aspectos da sua vida, então, montar um bom plano de ataque é essencial para ser bem-sucedido o mais rápido possível. Nesse momento, é preciso olhar para dentro de si e elaborar um método pessoal para vencer esse desafio.

Autoconhecimento é primordial nessa etapa: você terá que ser o mais sincero possível para calcular o tempo disponível para estudo, diagnosticar suas aptidões e limitações para estudar, verificar locais para o estudo e analisar quais matérias tem mais facilidade e quais tem mais dificuldade.

Parece complicado, mas é bastante simples. Este capítulo é todo voltado para esse período. No final, certamente você terá um ótimo plano de ataque.

Vale dizer também que se quiser traçar com mais precisão seu perfil, você pode buscar profissionais especializados nessa questão, que poderão ajudá-lo a delinear um plano de ataque personalizado. Esses profissionais podem ser psicólogos, que realizam testes vocacionais, ou *coaches* para concurso, os quais, além de auxiliar na escolha da carreira, ajudam na organização e no planejamento dos estudos, por meio de metas a serem alcançadas em cada etapa.

> **IMPORTANTE!** Lembre-se de que precisamos ser muito realistas nessa fase! A sinceridade com nós mesmos é essencial para conseguirmos tirar o melhor dos nossos talentos e das nossas limitações.

Passo 4 – Reunir os materiais necessários

Depois de definir sua carreira, ler o edital e reconhecer seu perfil como estudante, chegou a hora de se organizar. Comece a colocar em prática o que planejou!

Nessa etapa, surgirá o questionamento de se inscrever em um **curso preparatório** para concursos e fazer uso da estrutura oferecida ou **estudar por conta própria**. Talvez seja interessante se matricular em algum, pois esses cursos são direcionados às carreiras escolhidas, além de abordarem os temas que caem com mais frequência em cada certame (falaremos sobre isso mais à frente, neste capítulo).

Mesmo que você opte por fazer um curso, haverá momentos em que deverá estudar sozinho, para se concentrar mais e fixar melhor a matéria.

Esse também é o momento de reunir diferentes materiais, como apostilas, resumos, vídeos, aplicativos e livros.

Na medida em que a rotina de estudos for amadurecendo, você conseguirá avaliar qual método funciona melhor para o seu perfil. Pode ser que prefira assistir vídeos das matérias mais complexas e resolver questões mais práticas. Se essa forma funcionar, excelente! Porém, não se esqueça de que é importante estudar também por livros técnicos. Em concursos de carreiras jurídicas, por exemplo, nas provas dissertativas, é cobrada argumentação baseada em interpretações doutrinárias, que são encontradas nesses livros, além dos textos de lei – também veremos isso mais profundamente adiante.

Além de tudo isso, não deixe de buscar **provas anteriores**, tanto do cargo pretendido como de outros do mesmo nível da banca organizadora do concurso. Veja como as matérias foram abordadas e os principais assuntos que foram cobrados. No momento em que for estudar, realize os exercícios dessas provas, faça anotações e registre suas dúvidas. Revisite esses exercícios quantas vezes forem necessárias durante seu processo de estudo, pois seus acertos e erros podem ser também um termômetro de como andam seus estudos e em que pontos talvez você precise focar sua atenção.

Desde cedo estabeleci o foco da minha preparação. Como eu almejava ingressar no Ministério Público de São Paulo, busquei conhecer o concurso e dominar os temas frequentemente cobrados nas provas. Analisei a fundo o edital e estudava somente os temas ali contidos. Aliava o estudo da doutrina com a escolha de uma obra por disciplina, jurisprudência e lei seca, sem prejuízo da resolução das provas anteriores do concurso desejado.

Cleber Masson, Promotor de Justiça

Existem *sites* e aplicativos que se propõem a apresentar **questões** e realizar **simulados**. Esse também é um bom método para levantar como as matérias foram abordadas anteriormente. Veja o tópico 5.4.3. *Sites* especializados para saber mais sobre isso.

IMPORTANTE! Não utilize essas provas como única fonte de estudo. Elas devem ser um apoio, como um norte para você se orientar, e não a única ferramenta.

5.2. COMO ESTUDAR

Apesar de este ser um ponto bastante decisivo na sua preparação, não espere dicas revolucionárias de estudo, que sem elas você não obterá êxito nas provas.

Infelizmente, ainda não descobriram uma forma milagrosa de ser bem-sucedido nos estudos. Então, trataremos aqui de algumas questões (entre tantas) que podem ajudar nesse desafio, pois há inúmeros estilos de aprendizagem, definidos pela Ciência, que buscam explicar as maneiras pelas quais as pessoas aprendem melhor algum conteúdo.

Você terá que encontrar o melhor método para você! Então, esteja aberto a sugestões e não tenha medo de experimentar. Certamente com uma boa estratégia podemos otimizar nossos estudos.

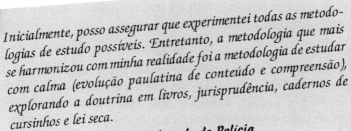

Inicialmente, posso assegurar que experimentei todas as metodologias de estudo possíveis. Entretanto, a metodologia que mais se harmonizou com minha realidade foi a metodologia de estudar com calma (evolução paulatina de conteúdo e compreensão), explorando a doutrina em livros, jurisprudência, cadernos de cursinhos e lei seca.

Joaquim Leitão Júnior, Delegado de Polícia

Dicas gerais para estudo

Estudar não é uma tarefa simples, pois exige uma série de comportamentos, como dedicação, disciplina, concentração, organização, entre outros, a fim de que o resultado seja o mais eficaz possível.

Por isso, alguns especialistas dão dicas que podem ajudar na tarefa, com o intuito de maximizar a aprendizagem. Veremos a seguir algumas instruções gerais para você se organizar e obter melhores resultados em seus estudos. É importante ler as dicas, avaliar as melhores e incorporar em sua rotina apenas aquelas que combinem mais com sua realidade. Vamos lá?

a) Espaço x tempo

Como dissemos, você precisará se organizar. O local onde você vai estudar e a quantidade de horas do dia que dedicará à tarefa serão decisivos. Reserve um local calmo, confortável (não a ponto de você dormir!) e livre de distrações. Recomenda-se que não estude na cama, por exemplo, normalmente nosso corpo associa esse móvel com sono, então a produtividade pode cair bastante.

Depois de preparar o espaço e antes de colocar a mão na massa, monte uma grade horária com as matérias que pretende estudar por dia e o tempo que será dispensado para cada uma delas. Para ajudá-lo nessa tarefa, no Capítulo 7, disponibilizamos um *planner* de estudos. É importante que você seja realista nesse momento, para não estipular horas de estudo além daquelas que de fato conseguirá cumprir sem perder a concentração e o empenho.

Se pensar bem, verá que este é um dos pontos mais importantes na sua preparação, pois aqui você irá planejar como será sua rotina nesse período. Elaborar um bom plano de estudos é indispensável para garantir melhor rendimento, otimizando suas horas de estudo.

DICA! Busque estudar por ciclos e alternar as matérias que devem cair na prova. Dê prioridade às mais complicadas para você. Foco nelas! É importante intercalar uma matéria que você mais goste com outra em que tenha dificuldade. Dessa forma, evitará desmotivação.

b) **Estudos** x *família/amigos*

Quando tratamos dos perfis de concurseiros, falamos sobre a importância do envolvimento da família nesse projeto. Se está decidido a estudar para concursos, é muito importante que converse com as pessoas mais próximas a você para explicar que sua vida será um pouco diferente e que todo apoio será bem-vindo. Deixe claro que é um planejamento de médio a longo prazo e que você permanecerá muitas horas concentrado em seus estudos. Portanto, terá que abrir mão de alguns momentos de convivência.

Sugerimos que você equilibre seus estudos com os compromissos sociais e familiares. Se houver um evento muito importante, organize seus horários de forma diferente, por exemplo, você pode compensar as horas de estudo perdidas em um dia em outros dias, como aos finais de semana.

Importante lembrar-se de que na maior parte dos casos o tempo de preparação pode se estender por alguns meses, até anos. Então, o ideal é manter um relacionamento saudável com sua família e seus amigos. Nada mais triste do que não ter com quem comemorar depois da aprovação. Então, tente manter o equilíbrio nesse aspecto.

c) **Estudos** x *lazer*

Quem é que não gosta de diversão? Todos nós gostamos, mas lembre-se de que você tem um objetivo e sua vida, durante determinado período, terá mais trabalho e dedicação do que diversão.

Obviamente, estudar sem parar é estressante e pode comprometer os resultados esperados. Como tudo na vida, o equilíbrio é fundamental. Equilibre os estudos, a diversão e o descanso. Avalie-se! Nos momentos em que estiver disposto, estude. Ao detectar cansaço excessivo, pondere e coloque em sua rotina um momento de descontração.

Deixe marcado em sua agenda algumas horas dedicadas a você, ao que te faz feliz. Seja ir ao *shopping*, assistir a um filme em casa ou passear no parque com a família. Esse momento de relaxamento é essencial para garantir sua sanidade e manter-se motivado e descansado para uma próxima semana de estudos.

IMPORTANTE! Como você deve ter percebido, a palavra "equilíbrio" apareceu algumas vezes nesse ponto. Principalmente porque, em projetos de longo prazo, precisamos nos manter equilibrados para sermos vitoriosos no que quer que seja. Sacrifícios pontuais serão necessários, mas nada em excesso costuma valer a pena.

d) Música

Há diversas pesquisas que comprovam que ouvir música durante os estudos é uma maneira eficiente de aumentar os resultados, reter a atenção, entre outros benefícios. Porém, a música, quando cumpre seu objetivo, estimula, e não distrai. É importante selecionar o estilo musical mais adequado. Estatísticas mostram que a música clássica é a que traz mais benefícios para o estudo. De acordo com essas pesquisas, não somente esse estilo musical é benéfico, mas sons da natureza também podem ser usados para o mesmo fim.

Como tudo que vimos até agora, a música e seu uso nos estudos depende muito da pessoa. Experimente e veja se funciona para você. Analise seu rendimento depois de um dia estudando ao som de algo tranquilo e relaxante, que não prenda muito sua atenção, independentemente de qual estilo musical seja.

e) Pausas

Para obter bons resultados em seus estudos, você não deve ficar várias horas seguidas lendo, fazendo exercícios e resumos, revendo anotações, ouvindo áudios gravados das aulas, criando esquemas e um monte de outras tarefas. Uma simples pausa pode ser fundamental para um bom desempenho. Pesquisas lideradas por Robert Bjork, do Centro de Psicologia da Universidade da Califórnia,[1] indicam que fazer pausas durante os estudos é essencial para a memorização dos conteúdos. Para isso, você pode se programar para fazer uma pausa de 10 minutos a cada 50 minutos

---

[1] Disponível em: <https://noticias.terra.com.br/ciencia/fazer-pausas-durante-estudo-ajuda-na-memorizacao-diz-pesquisador,b62b42ba7d2da310VgnCLD200000bbcceb0aRCRD.html>. Acesso em: 08.08.2017.

de estudo. Esse tempo de descanso serve para absorver o conteúdo que viu, pois, por mais que o livro ou o professor dê a direção, a mente de cada pessoa trabalha de forma individualizada e única para reter a informação.

Então, depois de 50 minutos de estudos, levante, alongue, tome uma água, vá ao banheiro, coma alguma coisa, respire. Com certeza, quando voltar, estará renovado para a próxima sessão e poderá sentir a diferença.

É preciso apenas tomar cuidado para não dispersar muito e perder a hora de voltar para os estudos. Se necessário, coloque um alarme para garantir seu retorno no momento correto, respire fundo e limpe sua mente para recomeçar.

f) Atividades físicas, sono e alimentação

Encaixe em sua rotina atividades físicas. Elas são benéficas em vários aspectos. As atividades aeróbicas, por exemplo, elevam a circulação de sangue no cérebro e a comunicação entre os neurônios. Além disso, como resultado de exercícios físicos, são produzidos novos neurônios.

Já exercícios anaeróbicos, como a musculação, podem ser uma boa pedida para esse período de preparação, pois provavelmente você passará muitas horas sentado enquanto estuda e esse tipo de exercício previne as dores nas costas e no pescoço, pois fortalece toda a musculatura da região.

Se tiver tempo para dedicar-se algumas horas na semana, ótimo. Se não, tente implementar alguma série de alongamentos durante a pausa nos estudos, caminhar durante algum trajeto ou subir escadas em vez de utilizar o elevador ou a escada rolante, quando possível.

Preocupe-se também com a quantidade e com qualidade do seu sono. Precisamos de descanso para sermos mais produtivos. O sono é o período de descanso do corpo e da mente. É o momento de relaxar nossos músculos e memorizar tudo o que aprendemos durante o dia.

Não existe uma quantidade de sono padrão para todas as pessoas, cada um tem suas necessidades específicas. Por isso, a autoavaliação é fundamental. Analise se sua noite está sendo proveitosa para garantir que estará novinho em folha para o dia seguinte.

Aproveitando que estamos falando sobre uma rotina saudável, não podemos deixar de tratar da nutrição do corpo. Uma alimentação balanceada permite mais saúde e disposição para aproveitar os estudos. Quando estudamos intensamente, tendemos a descuidar da alimentação, o que acaba sendo um mau negócio. Elabore um plano alimentar para aproveitar o máximo dos alimentos consumidos. Se você tem dúvida, procure um nutricionista para ajudá-lo.

Que soninho bom que dá depois de comer uma feijoada ou um baião de dois, né? Isso pode ser ótimo em um domingo de folga em família, mas certamente não é indicado em dias de estudo. Comidas pesadas exigem muito esforço do metabolismo para digestão, que terá que abrir mão de outras funções para isso, como o foco.

A palavra-chave deste tópico é **equilíbrio**! Já falamos sobre isso. Um corpo saudável é fundamental para mantermos uma mente saudável. Além de otimizar seus estudos, seu corpo agradecerá bastante no futuro.

g) Técnicas de absorção de conhecimento

Trataremos agora de algumas das formas mais comuns para aumentar a capacidade de absorver conhecimento. Mais uma vez, lembramos que esses recursos devem ser experimentados e analisados de acordo com seu perfil.

■ Mapas mentais

Os mapas mentais são muito interessantes como ferramenta de revisão dos estudos e de estruturação do pensamento. Você certamente sabe muitas coisas sobre determinados assuntos, mas é preciso habilidade para retê-las e utilizá-las organizadamente quando for necessário. Se alguém pede que você explique algo e as ideias não são organizadas corretamente, a resposta pode ficar incompleta, sem ordem lógica, além de haver esquecimento de pontos essenciais.

Essa é a grande questão: os mapas servem para organizar o conhecimento partindo de um ponto principal e inserindo todas as informações relacionadas a eles. Diferem dos resumos, pois são mais objetivos e, geralmente, estruturados por meio de palavras-chave. Assim, se uma pessoa estudar os princípios constitucionais da Administração Pública, previstos no artigo 37 da Constituição Federal, pode fazer o seguinte mapa:

O exemplo dado é somente um ponto de partida para que você comece a fazer seus próprios mapas mentais. Eles podem ser utilizados para qualquer matéria. O mais aconselhável é seguir sua intuição sobre o que é bom para você, pois existem inúmeras maneiras e regras para fazê-los. Qual é a melhor? A que funciona para você. Faça alguns mapas, veja se eles ajudam, se todas as informações estão inseridas neles e crie o seu próprio jeito de elaborá-los.

É possível utilizar cores em seus mapas mentais que podem separar as informações secundárias daquelas que não podem faltar. As cores também são utilizadas para trabalhar o lado criativo do cérebro, fazendo com que haja uma ligação maior com o lado racional. É mais uma técnica voltada para que você aprenda mais e melhor.

Normalmente, pessoas com melhor memória visual optam por esse método, por permitir "visualizar" a matéria de forma organizada.

- Analogias e recursos mnemônicos

Dependendo da matéria que está estudando e do conteúdo abordado, você pode recorrer a um desses recursos, que servem para fixar algo com base em correspondências mentais. Os recursos mnemônicos são frases ou palavras utilizadas para gravar listas, requisitos, princípios ou qualquer outro conteúdo que temos dificuldade em reter, seja pela quantidade ou por qualquer outro fator (não gostar da matéria, dificuldade de memorização etc.).

Voltando no tempo, um exemplo desses casos ocorria nas aulas de química, quando o professor criava frases para nos ajudar a decorar os elementos da tabela periódica, como: **OS SeTe Po**rquinhos (as iniciais são os símbolos dos elementos Oxigênio [O], Enxofre [S], Selênio [Se], Telúrio [Te] e Polônio [Po]).

Para os concursos, são bastante utilizados para o estudo da Legislação. Por exemplo, para estudar quais são os fundamentos da República, encontrados no artigo 1º da Constituição Federal, você pode apelar para o **SoCiDi VaPlu**:

> Art. 1.º A República Federativa do Brasil, formada pela união indissolúvel dos Estados e Municípios e do Distrito Federal, constitui-se em Estado Democrático de Direito e tem como fundamentos:
>
> I – a **so**berania;
>
> II – a **ci**dadania;
>
> III – a **di**gnidade da pessoa humana;
>
> IV – os **va**lores sociais do trabalho e da livre iniciativa;
>
> V – o **plu**ralismo político.

Outro exemplo bastante conhecido na Legislação, como vimos, é o LIMPE, utilizado para lembrar os princípios constitucionais da Administração Pública, previstos no artigo 37 da Constituição Federal. Assim:

L	egalidade
I	mpessoalidade
M	oralidade
P	ublicidade
E	ficiência

Nessa hipótese, a palavra até existe, mas nem sempre isso acontecerá. Muitas vezes, a palavra ou a frase não fará sentido. Não tenha receio em criar suas próprias fórmulas ou analogias. O importante é que essas ferramentas ajudem você a guardar a informação e sejam úteis aos seus estudos. Quem tem a função auditiva aguçada costuma aproveitar bastante essas técnicas, pois permitem gravar sons na memória.

- Fichas

As fichas são ferramentas de estudo, servem para complementá-los e ajudam na revisão.

Matéria:	Conteúdo:
	★ _____
	★ _____
	★ _____
	★ _____
	★ _____

Explicamos: em regra, quem estuda para concursos precisa adquirir muito conteúdo. Por vezes, para que a organização sobre o que estudar não fique confusa, é necessário separar os pontos mais importantes em um único lugar e que você possa consultá-los com rapidez.

Assim, a ficha pode conter a síntese de um livro que você leu e que é indispensável para a sua prova, mas cuja leitura não poderá ser repetida várias vezes por conta do tamanho da obra e do tempo. Uma boa indicação na ficha pode facilitar o manuseio do seu livro e chegar com facilidade ao ponto específico. Pode ter a indicação de requisitos a serem colocados em peças práticas ou pontos a serem observados em provas dissertativas. Serve como um modo eficiente de revisão.

O conteúdo da ficha é extremamente variável, pode guardar seus mapas mentais separados por matéria, conter os requisitos de provas escritas ou guardar seus resumos, seja de matérias extensas ou de livros.

IMPORTANTE! No momento de montar sua grade de estudos, tente focar:
- nas matérias em que você tem mais dificuldade;
- nas matérias mais exigidas na prova, conforme o edital.

h) O que evitar

- Estudos somente na véspera

Preparar-se para um concurso é uma tarefa árdua, pois o número de candidatos que se inscrevem para as vagas é muito grande. Para ilustrar a concorrência, em um concurso para o IBGE, houve mais de 1 milhão de inscritos.[2]

Então, é importante que você estude com antecedência e se dedique o máximo que puder, pois, assim, as chances de sucesso são maiores. Por isso, quando optar por determinado concurso, pegue o edital anterior e se planeje, monte seu plano de ataque e mãos à obra. Estudar na véspera te causará uma enorme angústia e não será muito eficaz.

- Distrações

Quando você for efetivamente estudar, é importante se certificar de que não haja distrações. Estude em um lugar tranquilo, sem ser incomodado. Para isso, desligue a televisão, feche a porta do local de estudos e, principalmente, evite deixar seu celular por perto ou ainda com sons, pois cada mensagem recebida pode tirar sua atenção. Caso precise usar algum aparelho para acessar a internet e ajudá-lo nos estudos, há funções que bloqueiam *sites* temporariamente. Essa pode ser uma boa ideia se você é o tipo de pessoa que se distrai muito facilmente com os recursos da internet, como as redes sociais. Deixe por perto somente o que for essencial para seus estudos.

Pode parecer que você não se afeta com essas pequenas interrupções, mas seu cérebro deixará de prestar atenção em algo quando ouvir o celular ou quando alguém falar alto na cozinha. É um lapso de atenção que pode fazer diferença em uma prova. Não adianta você ficar horas sentado estudando se esse período não for bem aproveitado. Portanto, permita-se se distrair nas suas pausas, mas, depois disso, mantenha as distrações longe da sua vista (e de seus ouvidos).

---

[2] Disponível em: <http://www.cesgranrio.org.br/institucional/historia.aspx>. Acesso em: 08.08.2017.

- Não dar a devida atenção ao edital

Talvez esse seja o maior erro que alguém possa cometer: dispensar a leitura do edital ou fazê-la apressadamente, o que pode gerar surpresas desagradáveis. As informações mais importantes estarão reunidas nele.

Vale a pena enfatizar mais uma vez que você leia o edital com muita atenção, pois isso pode alterar seu cronograma de forma substancial, tanto em relação ao conteúdo como ao tempo que dedicará aos estudos.

IMPORTANTE!
- Verifique se seu cronograma de estudos inclui todas as matérias do edital, se elas estão separadas por módulos, se esses módulos possuem número de questões diferentes e se possuem pesos distintos.
- Certifique-se dos prazos para apresentação de documentos, pedidos diversos e recursos, bem como do tempo que será dispensado para fazer a prova.
- É claro que imprevistos podem acontecer, mas tem muita coisa que é possível evitar com atenção e cuidado.

Então, leia o edital!

No próximo capítulo, veremos como esquematizar o edital, para ter certeza de que nenhuma informação ficou de fora.

Tipos de aprendizagem – Método VAK (Visual, Auditivo, Cinestésico)

Provavelmente, até aqui, você já deve ter reparado em algumas coisas que faz durante seu estudo que o ajudam a fixar melhor determinado conteúdo. Por exemplo, talvez você seja aquela pessoa que aprende melhor fazendo anotações, grifando o texto, criando resumos, mas seu colega prefere gravar as aulas para ouvi-las posteriormente ou ainda ver vídeos sobre o assunto.

Isso ocorre porque as pessoas aprendem de modos diferentes. Por conta disso, foram criados estilos de aprendizagem, entre os quais se destaca o método VAK (*Visual, Auditory, Kinesthetic*, ou, em português, Visual, Auditivo, Cinestésico), desenvolvido pelos especialistas em ensino Fernald, Keller, Orton, Gillingham, Stillman e Montessori. Esse método define a aprendizagem pelos sentidos. Isso significa que há pessoas que aprendem melhor com estímulos visuais; outras, com estímulos auditivos; e outras, ainda, com estímulos táteis e corporais.

Por isso, existem dicas específicas que podem maximizar os resultados dos estudos. Porém, é importante lembrar que ninguém é definido somente por um desses estilos. Assim, essas orientações não são absolutas e podem se misturar. Ainda que você seja uma pessoa predominantemente visual, pode haver uma ou outra técnica de estudo de outros tipos que também seja adequada a você.

Além disso, nem todos os tipos de aprendizagem são ideais para todos os tipos de conteúdo. Por exemplo, se você precisar fazer um teste físico, a melhor maneira de se preparar é praticando atividade física.

É importante, portanto, identificar o que mais se enquadra para você e analisar o que se encaixa melhor ao seu tipo de aprendizado. Para ajudá-lo, no tópico 5.2.2.4., disponibilizamos um teste que detectará seu perfil predominante.

a) Alunos visuais

As palavras-chave para esses alunos são **ver** e **ler**.

Normalmente, são os que gostam de sentar nas primeiras fileiras da classe e descrevem as coisas pela aparência delas. Têm grande competência em ortografia, pois se lembram das palavras pela forma como são escritas. Costumam pedir que algumas explicações sejam repetidas, pois não guardam tão bem a informação ouvindo apenas uma vez. Para esse estilo de aprendizagem, é importante que o conteúdo abranja coisas que podem ser vistas ou observadas, como imagens, gráficos, diagramas, filmes, entre outras.

Dicas para o estudo

❑ grifar informações no texto;

❑ copiar o conteúdo da lousa;

❑ fazer resumos;

❑ criar esquemas e mapas mentais;

❑ dar importância à leitura.

Cap. 5 ★ O QUE ESTUDAR E COMO ESTUDAR **151**

 DICA! Estudos comprovam que fazer resumos é mais eficiente para provas escritas, mas nem sempre para provas objetivas. Então, não utilize somente essa técnica e tente sempre mesclar as estratégias usadas para o estudo.

b) Alunos auditivos

As palavras-chave para esses alunos são **ouvir** e **falar**.

São, normalmente, aqueles mais falantes e favorecidos pelo estilo de aula tradicional dos cursos e escolas. São bons oradores e conseguem tirar proveito de grupos de estudo. Geralmente preferem debates, apresentações ou outras tarefas que incluem estímulos auditivos.

Dicas para o estudo

- gravar aulas e ouvi-las posteriormente;
- repetir o conteúdo em voz alta;
- participar de grupos de estudo;
- buscar *podcasts* com os conteúdos abordados e ouvi-los.

c) Alunos cinestésicos

As palavras-chave para esses alunos são **tocar** e **fazer**.

Esse é o grupo que tem menos representantes. De acordo com estudos, cerca de 95% dos alunos são visuais ou auditivos.

Os que se encaixam nesse estilo de aprendizagem normalmente preferem atividades práticas, aprendem melhor fazendo. Sentem-se incomodados quando precisam ficar muito tempo sentados. Geralmente são bons em esportes e em artes e preferem demonstrações e ações.

Dicas para o estudo

- fracionar o tempo dedicado ao estudo em pequenos blocos;
- buscar maneiras lúdicas de memorizar os conteúdos;
- fazer experiências práticas sobre os assuntos.

Teste

O questionário a seguir tem como base o modelo de aprendizagem VAK (*Visual, Auditory, Kinesthetic*, ou, em português, Visual, Auditivo, Cinestésico).

Cada questão tem três itens: **A**, **B** e **C**. Você deve assinalar:

3 pontos no item que mais tem a ver com você;

2 pontos no item que tem mais ou menos a ver com você; e

1 ponto no item que menos se aplica a você.

Por exemplo:

		A		B		C	
1	**Você comprou um equipamento eletrônico novo. Para aprender a utilizá-lo, você prefere:**	ler o manual de instruções.	3	procurar um vídeo ou alguém que explique como ele funciona.	2	aprender por tentativa e erro.	1

No caso, a pessoa prefere ler o manual de instruções (letra A). Sua segunda opção seria procurar um vídeo (letra B) e a terceira opção seria tentativa e erro (letra C).

Não existem respostas certas ou erradas, pois o questionário mede estilos de aprendizagem. Não há um estilo melhor ou pior. Portanto, responda de acordo com as suas preferências reais.

	QUESTIONÁRIO VAK					
		A		**B**		**C**
1	**Você comprou um equipamento eletrônico novo. Para aprender a utilizá-lo, você prefere:**	ler o manual de instruções.		procurar um vídeo ou alguém que explique como ele funciona.		aprender por tentativa e erro.
2	**Você quer cozinhar um prato novo. Você prefere:**	encontrá-lo em um livro de receitas.		pedir para que alguém explique como fazê-lo.		fazer a receita "de olho".
3	**Quando escolhe roupas para comprar, geralmente você toma a decisão com base:**	no estilo, nas cores, na originalidade.		na melhor relação custo/benefício.		na textura do tecido, no conforto.

Cap. 5 ★ O QUE ESTUDAR E COMO ESTUDAR 153

		QUESTIONÁRIO VAK		
		A	B	C
4	Se você pudesse escolher sua casa ideal, ela:	agradaria ao seu gosto estético.	seria calma, pacífica e silenciosa.	seria ampla, confortável, com grandes espaços livres.
5	Você se sente mais inspirado(a) por:	belas paisagens.	música boa.	esportes, dança, movimento.
6	Você desconfia que alguém está mentindo quando:	a pessoa evita contato visual.	a pessoa altera o jeito de falar.	a pessoa se porta de modo diferente.
7	Quando ensina algo a alguém, você tende a:	escrever instruções.	dar uma explicação verbal.	mostrar como se faz e depois deixar a pessoa tentar.
8	Quando você está ansioso(a), você tende a:	visualizar os piores cenários que podem acontecer.	ouvir seus próprios pensamentos remoendo na cabeça.	ficar fisicamente agitado, se movimentando sem parar.
9	Você precisa resolver um problema com um colega de trabalho. Você prefere:	escrever um *e-mail*.	telefonar no ramal do colega.	conversar pessoalmente para mostrar onde está o problema.
10	Se tem que revisar uma matéria que já estudou, você prefere:	escrever resumos e esquemas.	ler o que escreveu em voz alta, pedir que alguém leia para você ou ouvir a aula gravada.	imaginar-se dando uma aula sobre aquela matéria.
11	Quando quer relaxar, você prefere:	ler ou assistir algo.	ouvir música.	tomar um banho demorado.
12	Quando você se irrita com alguma situação, sua tendência é:	ficar remoendo a situação na cabeça.	discutir, erguer a voz.	bater a porta, sair para andar.
13	Quando entra em uma festa, você tende a prestar mais atenção:	na decoração.	na música.	na comida.
14	Qual dessas situações hipotéticas mais te distrairia na hora de estudar?	movimento e pessoas passando perto de você.	barulho no ambiente.	temperatura do ar muito quente ou muito fria.

QUESTIONÁRIO VAK			
	A	B	C
15 **Você foi a uma festa, conheceu uma pessoa e interagiu com ela brevemente. No dia seguinte, qual é a sua memória mais viva sobre ela?**	seu rosto.	seu nome.	o que fizeram.	
16 **Você não consegue prestar atenção à aula. A bateria do seu celular acabou. É provável que comece a:**	sonhar acordado(a).	ficar com vontade de conversar.	ficar inquieto(a) e começar a se mexer na cadeira.	
17 **Você costuma falar:**	rapidamente, gesticulando.	em velocidade média.	de forma lenta e pausada.	
18 **Você se considera predominantemente:**	intelectual.	sociável.	esportivo(a).	
19 **Quando lhe dão instruções orais, você tende a:**	anotá-las para não esquecer.	recordá-las sem dificuldade.	começar a executar a tarefa antes que terminem de falar.	
20 **Imagine um dia na praia. O que mais te agrada?**	a bela paisagem.	o som das ondas quebrando na areia.	a sensação de caminhar na beira do mar.	
TOTAL	**Visual**	**Auditivo**	**Cinestésico**	

Agora, some todas as respostas. A pontuação mais alta determinará seu estilo preferencial de aprendizagem:

Total A Visual	Total B Auditivo	Total C Cinestésico

Se sua pontuação mais alta foi na letra **A**, seu estilo de aprendizagem é preferencialmente **visual**. A pontuação mais alta na letra **B** indica que seu estilo é preferencialmente **auditivo**. A pontuação mais alta na letra **C**, por sua vez, indica um estilo preferencialmente **cinestésico**.

É bom lembrar que cada pessoa traz uma combinação de estilos de aprendizagem. Assim, embora todos tenham um ou dois estilos predominantes, é possível se beneficiar de todos eles. Seu estilo predominante, no entanto, é aquele no qual você terá mais facilidade, o que mais vai ajudar no estudo.

5.3. O QUE ESTUDAR

Uma dúvida bem frequente entre os concurseiros é referente às matérias que devem estudar. Se é a primeira vez que pretende prestar um concurso, pode ser que você se sinta mais perdido ainda.

O que você precisa saber, a princípio, é que para cada carreira será cobrado um tipo de conteúdo – daí a importância de escolher uma para prestar e não fazer vários concursos sem foco. Porém, há matérias denominadas básicas e outras específicas. As básicas, geralmente, caem na maioria dos concursos. As específicas são as exigidas em determinado tipo de prova. Veja no quadro alguns exemplos de cada tipo de matéria.

Matérias básicas	Matérias específicas
Língua Portuguesa (incluindo redação);	Economia;
Matemática/Raciocínio lógico;	Administração;
Informática;	Direito;
Atualidades/Conhecimentos gerais.	Contabilidade;
	Legislação;
	Gestão pública;
	entre outras.

Caso você pretenda prestar concurso para mais de um cargo, sugerimos que dê uma olhada no infográfico ao final desse livro para visualizar com mais nitidez quais matérias podem ser "aproveitadas" de um concurso para o outro. Importante lembrar que para elaborar um bom plano de estudos, o ideal é começar analisando o edital, para verificar os tópicos e a profundidade de cobrança de cada matéria. É importante que você tenha consciência de que, geralmente, precisará alcançar notas mínimas em algumas matérias ou módulos. Isso significa que não pode deixar de estudar nenhum conteúdo.

Então, a estratégia de estudo que você vai definir precisa ser analisada de acordo com o peso de cada matéria na prova e com sua dificuldade em cada uma delas.

Como este livro é um guia geral de concursos, não serão abordadas as especificidades de cada matéria, mas, a título de conhecimento, seguem algumas orientações sobre os conteúdos de algumas matérias básicas.

Língua Portuguesa

É considerada a matéria mais importante e pode ser encontrada em concursos de nível médio e superior.

Nas provas de Português, caem tanto conteúdo de gramática como redação e interpretação de textos. Fique atento, pois a nova ortografia, que entrou oficialmente em vigor em 2016, já é cobrada nos exames!

Em relação às provas de interpretação de textos, leia atentamente cada parágrafo e procure grifar datas, números, estatísticas, expressões pouco usuais, enfim, tudo que se destaque durante a leitura.

Geralmente, os textos são longos, para cansar o candidato. Uma boa dica pode ser inverter a ordem, ou seja, ler as questões e depois procurar no texto as respostas mais apropriadas. Porém, é preciso testar essa tática antes para saber se pode ser adequada a você. A hora da prova não é momento para experiências.

Matemática/Raciocínio lógico

Podemos dizer que são matérias recorrentes em concursos de nível médio e em alguns de nível superior. Podem ser cobradas separadamente nos concursos: alguns preveem Matemática básica em seu programa; outros, Matemática financeira; outros, Raciocínio lógico; outros, ainda, Matemática e Raciocínio lógico. De toda forma, a menos que seja um concurso muito específico, por exemplo, para o cargo de Analista Financeiro, não costumam apresentar muitas questões. Contudo, na maioria das vezes, é exigida pontuação mínima.

Informática

Por vezes, os candidatos não consideram essa disciplina, por já serem usuários de computadores e terem muita habilidade. Porém, o conhecimento aplicado é diferente do conhecimento prático. Então, não deixe de estudar essa matéria também. Normalmente, questionam sobre sistema operacional, editores de textos e planilhas, teclas de atalho, internet, correio eletrônico, entre outros.

Não deixe de resolver questões de provas anteriores para verificar em qual conteúdo a banca do seu concurso costuma focar. Fique atento ao conteúdo cobrado no edital, pois frequentemente são alterados os sistemas operacionais cobrados. Há editais, por exemplo, que ainda cobram conhecimento do Office 2013, enquanto outros já cobram do Office 2016.

Atualidades/Conhecimentos gerais

Há uma dúvida recorrente entre os concurseiros acerca do estudo de atualidades. Geralmente, os alunos não sabem como estudar essa matéria, já que difere das demais. Então, é importante verificar no edital o que será cobrado e verificar em provas anteriores de que forma a matéria foi abordada.

Em geral, as questões têm como foco os assuntos mais relevantes, que tiveram mais destaque na mídia, tanto no âmbito nacional como no internacional, das áreas de Economia, História, Política e Cultura. O objetivo das questões é verificar se o candidato compreende os desencadeamentos e os porquês daquele assunto.

Assim, para manter-se por dentro desses temas, procure ler jornais, revistas e *sites* jornalísticos com frequência. Além disso, assista a programas que discutam assuntos atuais, para compreender seus desdobramentos. Porém, busque diversos tipos de fonte, com o intuito de assimilar os temas e as discussões, além das opiniões dos jornalistas – que, por mais que tentem ser neutros, inevitavelmente exprimem julgamentos próprios.

DICA! Veja em provas anteriores de que forma as atualidades e os conhecimentos gerais foram cobrados. Assim, é mais fácil bolar uma estratégia para o estudo dessas áreas.

Direito Constitucional

Quem não é da área jurídica teme essa matéria. De forma simplificada, podemos dizer que é o estudo da Constituição da República Federativa do Brasil de 1988 e sua interpretação.

A Constituição Federal é a norma mais importante do Brasil, pois possui inúmeras regras para disciplinar a relação do Estado com os cidadãos, além de assegurar os seus direitos, o que justifica sua presença em provas que exigem o conhecimento de legislação.

Geralmente, as questões são retiradas do próprio texto da CF e as bancas examinadoras costumam embaralhar o conteúdo dos seus artigos para verificar se o candidato conhece o texto da lei.

Em alguns concursos, o modo de perguntar sobre o Direito Constitucional é um pouco diferente, ficando o conhecimento literal da lei em segundo plano para focar em entendimentos doutrinários e jurisprudenciais.

Para estudar a Constituição, caso não esteja fazendo algum curso para concursos (o que direcionaria seus estudos de forma mais precisa), o ideal é buscar livros específicos sobre o tema.

Direito Administrativo

Outra matéria que pode assustar os candidatos é o Direito Administrativo, ramo do Direito que estuda e disciplina a Administração Pública, seus princípios, atos, órgãos, servidores, contratos, entre outros aspectos.

A cobrança do Direito Administrativo se justifica, pois a Administração Pública só pode contratar por meio de concurso público.

Caso haja dificuldade em estudar seu conteúdo, procure material específico sobre o tema, que aborde os pontos solicitados no edital e que ao mesmo tempo seja de fácil entendimento.

IMPORTANTE! Frequentemente, há alterações em leis e códigos, o que pode interferir nas matérias relacionadas à área jurídica. O que vale para concurso, porém, são as atualizações feitas até a data de publicação do edital.

ATENÇÃO! Fique atento aos editais dos concursos da carreira que você escolheu. Você precisa saber quais temas de cada matéria jurídica prevista no edital serão cobrados e qual a profundidade. Alguns concursos preveem, por exemplo, **noções de Direito Constitucional** e outros preveem **Direito Constitucional**. Não perca tempo estudando além do que seu edital propõe e tome cuidado para não estudar menos que o necessário.

5.4. FERRAMENTAS E MATERIAIS PARA ESTUDO

Como você já deve ter percebido até aqui, estudar para concursos não é fácil, pois envolve uma série de questões, como a grande concorrência e a necessidade de tempo para os estudos. Apesar disso, atualmente há uma série de ferramentas acessíveis que facilitam a vida dos estudantes nesse período. Neste tópico, trataremos de algumas opções que podem ajudá-lo.

Cursos preparatórios para concursos públicos

Os cursos para concursos são uma das principais ferramentas disponíveis para quem deseja ser aprovado em um certame, pois são instituições especializadas em ensinar as matérias com o foco voltado para aprovação. Eles podem ser: **presenciais**, **telepresenciais** e *on-line*.

Existem cursos dedicados a concursos específicos, outros que se propõem a abordar temas de **áreas** (bancária, jurídica, fiscal, policial etc.) e até mesmo aqueles em que o foco é a **carreira** (juiz, promotor, defensor público etc.). Em cada um a abordagem dos temas é diferente, então, fique esperto na escolha, para que todas as suas necessidades em relação ao conteúdo sejam abrangidas.

Os tipos de cursos oferecidos são os mais diversos. Há os cursos **extensivos**, que se desenvolvem independentemente da data da prova e, normalmente, têm duração de um ano, com cronograma bem completo.

Há os **intensivos**, que são cursos mais rápidos, voltados para as matérias principais, com duração média de seis meses e, em alguns casos, com aulas ministradas apenas aos sábados (no caso dos presenciais).

Existem, também, os chamados "**retas finais**", cujo foco é fazer um apanhado geral e breve das matérias do edital de determinada carreira, já que esses cursos costumam abrir vagas pouco tempo antes da aplicação da prova.

No caso dos cursos não presenciais, é possível adquirir disciplinas **isoladas** e montar uma grade individualizada. Caso você tenha dificuldade em matérias específicas ou mesmo não goste de determinado assunto, pode incrementar seus estudos com aulas de professores renomados e que podem conquistá-lo por meio de uma didática diferenciada.

Uma alternativa aos cursos tradicionais é o curso de **resolução de questões**. Nessa opção, o foco não é a matéria, e sim aprender a desvendar as pegadinhas elaboradas pelas bancas. Geralmente, as aulas são extremamente dinâmicas, tendo em vista que por meio das questões é possível verificar inúmeros assuntos da mesma matéria. Também pode ser utilizado como treino por candidatos que já dominam a matéria.

IMPORTANTE! A carga horária varia de curso para curso, e o valor das mensalidades também. Os cursos *on-line* ou telepresenciais geralmente são mais baratos que os presenciais.

Veja agora algumas especificidades de cada tipo de curso.

a) Cursos presenciais

São as modalidades em que você assiste às aulas na instituição de ensino e tem contato direto com o professor.

Há ofertas de cursos presenciais principalmente nas capitais. Isso significa que, se você mora em uma cidade afastada da capital, pode ser que não encontre uma instituição voltada a concursos e precisará arcar com os custos do transporte para o local escolhido, além do valor da mensalidade.

b) Cursos telepresenciais

Nesse caso, as aulas podem ser transmitidas ao vivo, via satélite, direto de um estúdio em que o professor ministra a aula ou, em alguns casos, podem ser gravadas e depois transmitidas. Nessa modalidade, os alunos também precisam se deslocar até um polo onde as aulas serão veiculadas. É possível até que os alunos tirem dúvidas, enviando mensagens, que são respondidas no fim da aula.

Esse curso pode ser um grande aliado para aqueles que não residem em capitais, mas gostariam de fazer um bom treinamento. Além disso, são mais baratos e as aulas não costumam ter interrupções.

c) *Cursos* on-line

Os cursos *on-line* têm a facilidade de ser mais flexíveis, pois o aluno pode assistir às aulas nos horários em que tem mais disponibilidade – o que pode variar de um dia para o outro. Além disso, não é necessário se deslocar para algum lugar. Geralmente, são mais baratos que os cursos presenciais. O ideal é que você assista às aulas todos os dias para que não haja acúmulo de matérias do módulo.

As vantagens dos cursos *on-line*: rever a aula sempre que preciso, até o término do prazo estabelecido no contrato; fazer pausas para conseguir anotar as explicações do professor; copiar textos e exemplos dados; fazer pesquisas na internet e checar conceitos e depois retornar à aula etc. Porém, essa modalidade exige muita disciplina, concentração e dedicação por parte dos alunos.

IMPORTANTE! Escolher um curso preparatório para concurso exige bastante estudo e pesquisa. É preciso verificar qual tipo de curso é o mais indicado com base no concurso que irá prestar, no tempo disponível e na localização, além de analisar a seriedade do cursinho e dos professores, verificando o conteúdo programático do curso, comentários na internet, em fóruns de concurseiros e, se possível, com candidatos veteranos ou até ex-alunos que foram aprovados.

Videoaulas

Com o advento da internet, muita coisa mudou em todas as áreas, inclusive no ramo da educação, pois há grande quantidade de material disponível que ajuda na hora dos estudos. Nesse rol de possibilidades, é possível encontrar videoaulas sobre as diversas matérias que caem nos concursos públicos. As facilidades dessa ferramenta são o custo e a flexibilidade.

Pode ser uma boa opção, mas precisará de um pouco mais de cuidado, principalmente com relação às fontes, pois nem tudo é confiável. Antes de selecionar um conteúdo, verifique a fonte, se foi produzido por alguém ou por uma instituição confiável ou, ainda, se há comentários positivos ou negativos de outros usuários a respeito daquele material.

Outro ponto que precisa ser levado em consideração é a data de gravação do vídeo e de postagem. Muitas matérias se desatualizam com o passar do tempo, é imprescindível que você se atente a esse fato, principalmente com relação a conteúdos de Direito.

Sites especializados

Assim como há videoaulas disponíveis sobre os temas de concursos públicos, existem diversos *sites* especializados nesse tipo de conteúdo. A dica sobre a qualidade das fontes em relação às videoaulas deve ser utilizada aqui também. Nem tudo que está na rede é bom e deve ser usado para os estudos.

Há inúmeros tipos de *sites* desse ramo. Em alguns é possível se cadastrar e fazer exercícios próprios de concursos públicos, o que pode ser muito bacana para estudar. Há aqueles que se propõem a dar dicas de estudo e/ou montar seu planejamento *on-line*; outros se dedicam a certos concursos e pretendem reunir conhecimento em determinada área. Existem outros, ainda, em que a proposta é veicular as principais notícias de concursos, como previsão, publicação do edital e eventuais atualizações, e até mesmo aqueles que apenas objetivam compartilhar experiências desse universo.

Trata-se de um método barato e interativo de avançar nos estudos e manter-se atualizado, principalmente para quem estuda sozinho.

Aplicativos

Você sabia que há diversos aplicativos que também podem auxiliá-lo durante seu processo de preparação para um concurso público? Há opções que tratam de algumas matérias específicas, como Informática, Matemática financeira etc. Há outras que ajudam na sua organização e no planejamento dos estudos. Existem também aplicativos que disponibilizam questões de concursos e certamente o ajudarão em algum ponto. Enfim, opção é o que não falta!

Esses aplicativo são muito úteis para leituras rápidas e resoluções de questões em momentos ociosos, como viagens de ônibus, filas etc. Porém, assim como nas outras ferramentas, precisamos tomar bastante cuidado com relação à seriedade desse aplicativos, para garantir que não estamos estudando conteúdos equivocados ou desatualizados.

Livros voltados a concursos

Os livros voltados a concursos podem ser de vários tipos.

Existem aqueles de **conteúdo mais abrangente** e que trazem dicas e explicações sobre os concursos em geral. Há os **técnicos**, que tratam de matéria específica e trazem questões de concursos anteriores. Há também os de **questões**, que até apresentam uma breve explicação sobre o assunto, mas têm como foco reunir o maior número de questões sobre determinado assunto ou carreira.

No mercado editorial, existem opções como: os livros de **prática**, voltados para as fases dissertativas, nas quais é preciso saber o que e como escrever para atingir pontuação suficiente para levá-lo à aprovação; os de **esquemas**, que explicitam a matéria de modo diferenciado, mais visual, por meio de organogramas, cujo objetivo é apresentar a matéria como um todo, mas levando em consideração os requisitos principais e os assuntos mais importantes (geralmente não possuem uma parte teórica muito aprofundada e são indicados para revisão ou consultas rápidas para estudantes que possuem dificuldade em resumir o conteúdo); os de **resumos**, que tratam de todo o conteúdo, mas de maneira mais objetiva, indicados para concursos que exigem o conteúdo de forma menos minuciosa e para aqueles que cobram um conteúdo mais aprofundado, como revisão.

Também existem livros escritos por integrantes da carreira e tratam de assuntos **específicos**, por exemplo, comentando o regimento interno de determinadas carreiras ou a sua atuação.

Como você pode perceber, livros existem aos montes, para te ajudar a escolher o material adequado. Verifique o edital, leia as resenhas das obras, busque informação no *site* da própria editora e converse com professores e colegas concurseiros.

Outra observação muito importante é: atenção para a linguagem! Escolha uma que seja boa para seu estudo, suas dificuldades e seu tempo. Se a compra for pela internet, algumas editoras disponibilizam a "**degustação**", ou seja, você pode ler uma página e verificar se gosta ou não daquela linguagem. Se a compra for realizada pessoalmente, em uma loja física, procure um exemplar aberto, leia algumas páginas, verifique se possui questões, esquemas, quadros, enfim, ferramentas que serão importantes para você.

Outro aspecto de suma importância é verificar a data do fechamento do livro, ou seja, até quando o livro foi **atualizado**. Você não vai querer estudar por um livro cujo conteúdo está ultrapassado, não é mesmo?

As provas para concurso público exigem um conhecimento dinâmico, com questões relacionadas a temas atuais. As questões sobre legislação, em regra, são elaboradas em conformidade com as alterações mais recentes. Esse ponto também deve ser verificado no edital.

Códigos e Legislação

Nos concursos para a área jurídica, é impossível fazer uma prova e não estudar a legislação. Nesse caso, você possui duas alternativas. A primeira é imprimir as leis dos *sites* oficiais, o que é trabalhoso, pois envolverá busca e compilação daquilo que é mais importante. A segunda é adquirir um Código ou *Vade Mecum*.

Existem vários tipos e tamanhos desses livros no mercado. Algum há de ser ideal para a sua necessidade, e as vantagens de ter um Código ou *Vade Mecum* são muitas. Eles trazem o texto da lei com as alterações já incorporadas. Não é preciso ficar "caçando", pois, em regra, esse tipo de obra já abrange o maior número de leis, seja uma seleção de normas relacionadas a uma matéria específica, como é o caso dos códigos (Código Civil, Código de Processo Civil, Código Penal etc.), ou de uma reunião de leis diversas, como é o caso do *Vade Mecum*. Importante verificar qual a legislação que será necessária para garantir a aquisição da obra mais adequada. Geralmente as súmulas são separadas e apresentadas por ordem crescente, trazem enunciados dos mais diversos, possuem índice por assunto e notas remissivas. Alguns trazem índice alfabético-remissivo unificado dos códigos, além de apresentar todos os estatutos reunidos, o que facilita a busca dessas normas.

Mais uma vez, verifique a obra que seja mais apropriada para você e veja a data de fechamento. Quando se trata de legislação esse ponto é ainda mais importante.

> *Aproveite as aulas e leia muita lei (seca). Da lei surge a doutrina. Então, a lei é o primeiro estágio da preparação e um dos principais segredos da aprovação.*
> **Fernando Gajardoni, Juiz**

5.5. DESISTIR? JAMAIS

Uma das coisas mais importantes que você terá que saber com relação à vida de concurseiro é "só não passa quem desiste". Dependendo do nível de dificuldade do concurso, é possível que leve alguns anos para passar. É normal que em algum momento da preparação você se sinta desmotivado. Tenha isso em mente antes mesmo de começar.

O concurso público é um grande desafio, para o qual você precisa ter muita dedicação e foco. Nesse processo, é importante que você faça auto-avaliações e perceba se seu resultado e seu desempenho têm melhorado de um concurso para o outro. Se você notar que está estagnado em algum ponto, busque ajuda de professores ou de outros alunos que já obtiveram sucesso. Mude a estratégia de estudos e foque nos pontos fracos que você identificar. O importante é continuar estudando. Certamente, você será bem-sucedido assim.

Lembre-se sempre de que você precisa se dedicar e ter tempo para estudar. Isso é essencial para o seu sucesso. É um caminho árduo, mas será muito gratificante quando a vitória chegar.

Só não passa quem desiste!

CAPÍTULO 6

EDITAL SISTEMATIZADO

Sumário: Escriturário do Banco do Brasil: Conhecimentos básicos; Conhecimentos específicos.

Como enfatizamos nos capítulos anteriores, para que você se prepare com segurança e chegue ao dia da prova confiante para um bom rendimento, é fundamental conhecer o edital. Nele constarão informações importantes como os requisitos para o concurso; as datas de inscrição, de realização da prova, dos resultados, dos recursos; os modelos de recursos; o conteúdo programático e mais uma série de informações que você deve saber para participar do concurso.

Um método interessante é destacar as principais informações do seu edital, e para isso você deve conhecê-lo bem!

Vamos destacar aqui os pontos mais importantes, que merecem sua atenção. Temos como base o edital do concurso para o cargo de Escriturário do Banco do Brasil.[1]

Cargo: Escriturário.

Remuneração: R$ 2.227,26.

Requisitos: certificado de conclusão ou diploma de curso de ensino médio.

Jornada de trabalho: 30 horas semanais.

Valor da Inscrição: R$ 42,00.

Inscrição: de 11.08.2015 a 31.08.2015, pelo *site* <www.cesgranrio.com.br>.

Etapas: 1ª – 70 questões de múltipla escolha; 2ª – redação.

Data da prova: 18.10.2015.

---

[1] Disponível em: <http://www.cesgranrio.org.br/concursos/evento.aspx?id=bb0115>. Acesso em: 08.08.2017.

ESCRITURÁRIO DO BANCO DO BRASIL

Conhecimentos básicos

Língua Portuguesa

Disciplina	Leitura 1	Leitura 2	Revisão	Resolução de provas anteriores
Ortografia oficial	☐	☐	☐	☐
Pontuação	☐	☐	☐	☐
Emprego das classes de palavras	☐	☐	☐	☐
Pronomes: emprego, formas de tratamento e colocação	☐	☐	☐	☐
Concordância nominal e verbal	☐	☐	☐	☐
Regência nominal e verbal	☐	☐	☐	☐
Crase	☐	☐	☐	☐
Construção frasal	☐	☐	☐	☐
Emprego de conectores	☐	☐	☐	☐
Compreensão de textos	☐	☐	☐	☐

Raciocínio lógico-matemático

Disciplina	Leitura 1	Leitura 2	Revisão	Resolução de provas anteriores
Números inteiros e racionais: operações (adição, subtração, multiplicação, divisão, potenciação), expressões numéricas, múltiplos e divisores de números naturais, problemas	☐	☐	☐	☐
Frações e operações com frações	☐	☐	☐	☐
Números e grandezas proporcionais: razões e proporções, divisão em partes proporcionais, regra de três, porcentagem e problemas	☐	☐	☐	☐
Estatística descritiva; distribuição de probabilidade discreta	☐	☐	☐	☐
Juros simples e compostos: capitalização e descontos	☐	☐	☐	☐
Taxas de juros: nominal, efetiva, equivalentes, proporcionais, real e aparente	☐	☐	☐	☐
Planos ou sistemas de amortização de empréstimos e financiamentos	☐	☐	☐	☐
Cálculo financeiro: custo real efetivo de operações de financiamento, empréstimo e investimento	☐	☐	☐	☐
Taxas de retorno	☐	☐	☐	☐

Atualidades do mercado financeiro

Disciplina	Leitura 1	Leitura 2	Revisão	Resolução de provas anteriores
Sistema Financeiro Nacional	☐	☐	☐	☐

Disciplina	Leitura 1	Leitura 2	Revisão	Resolução de provas anteriores
Dinâmica do mercado	☐	☐	☐	☐
Mercado bancário	☐	☐	☐	☐

Conhecimentos específicos

Cultura organizacional

Disciplina	Leitura 1	Leitura 2	Revisão	Resolução de provas anteriores
Conceito de cultura organizacional	☐	☐	☐	☐
Preceitos da cultura organizacional	☐	☐	☐	☐
Vantagens e desvantagens da cultura organizacional	☐	☐	☐	☐
Características da cultura organizacional	☐	☐	☐	☐
Cultura empresarial	☐	☐	☐	☐
Ética aplicada: ética, moral, valores e virtudes; noções de ética empresarial e profissional	☐	☐	☐	☐
A gestão da ética nas empresas públicas e privadas	☐	☐	☐	☐
Código de Ética do Banco do Brasil (disponível no *site* do BB na internet)	☐	☐	☐	☐

Disciplina	Leitura 1	Leitura 2	Revisão	Resolução de provas anteriores
Código de conduta da Alta Administração Pública	☐	☐	☐	☐
Gestão da sustentabilidade	☐	☐	☐	☐
Essência BB: crença, missão, valores e visão	☐	☐	☐	☐
Estatuto Social do Banco	☐	☐	☐	☐

Técnicas de vendas

Disciplina	Leitura 1	Leitura 2	Revisão	Resolução de provas anteriores
Noções de administração de vendas: planejamento, estratégias, objetivos, análise do mercado, metas	☐	☐	☐	☐
Técnicas de vendas de produtos e serviços financeiros no setor bancário: planejamento, técnicas, motivação para vendas, produto, preço, praça, promoção, vantagem competitiva, como lidar com a concorrência, noções de imaterialidade ou intangibilidade, inseparabilidade e variabilidade dos produtos bancários	☐	☐	☐	☐
Manejo de carteira de pessoa física e de pessoa jurídica	☐	☐	☐	☐
Noções de marketing de relacionamento	☐	☐	☐	☐
Código de Proteção e Defesa do Consumidor – Lei nº 8.078/1990 (versão atualizada)	☐	☐	☐	☐

Atendimento (focado em vendas)

Disciplina	Leitura 1	Leitura 2	Revisão	Resolução de provas anteriores
Marketing em empresas de serviços, satisfação e retenção de clientes, valor percebido pelo cliente, telemarketing	☐	☐	☐	☐
Etiqueta empresarial: comportamento, aparência, cuidados no atendimento pessoal e telefônico	☐	☐	☐	☐
Interação entre vendedor e cliente	☐	☐	☐	☐
Qualidade no atendimento a clientes	☐	☐	☐	☐
Resolução CMN nº 4.433, de 23.07.2015 – Dispõe sobre a constituição e o funcionamento de componente organizacional de ouvidoria pelas instituições financeiras e demais instituições autorizadas a funcionar pelo Banco Central do Brasil	☐	☐	☐	☐

Domínio produtivo da informática

Disciplina	Leitura 1	Leitura 2	Revisão	Resolução de provas anteriores
Microsoft Windows 7 em português: conhecimentos básicos	☐	☐	☐	☐
Criação de pastas (diretórios), arquivos e atalhos, área de trabalho, área de transferência, manipulação de arquivos e pastas	☐	☐	☐	☐
Processador de texto (MS Word e BrOffice.org Writer)	☐	☐	☐	☐

GUIA MÉTODO DO CONCURSO PÚBLICO ★ Equipe Método

Disciplina	Leitura 1	Leitura 2	Revisão	Resolução de provas anteriores
Edição e formatação de textos (operações do menu: formatar, inserir tabelas, exibir/cabeçalho e rodapé, arquivo/configurar página e impressão, ferramentas/ortografia e gramática)	☐	☐	☐	☐
Planilhas eletrônicas (MS Excel e BrOffice.org Calc)	☐	☐	☐	☐
Edição e formatação de células, manipulação de fórmulas matemáticas elementares, filtros, seleções e ordenação	☐	☐	☐	☐
Editor de apresentações (MS PowerPoint e BrOffice.org Impress)	☐	☐	☐	☐
Uso de slide mestre, formatação e transição de slides, inserção de objetos (som, imagem, links)	☐	☐	☐	☐
Conceitos básicos de tecnologias relacionadas à internet e intranet, World Wide Web, navegador internet (Internet Explorer e Mozilla Firefox), busca e pesquisa na Web	☐	☐	☐	☐
Conceitos básicos de tecnologias e ferramentas de colaboração, correio eletrônico, grupos de discussão, fóruns e wikis	☐	☐	☐	☐
Conceitos básicos de proteção e segurança, realização de cópias de segurança (backup), vírus e ataques a computadores	☐	☐	☐	☐
Conceitos de organização e de gerenciamento de informações, arquivos, pastas e programas	☐	☐	☐	☐
Conhecimentos gerais sobre redes sociais (Twitter, Facebook, LinkedIn)	☐	☐	☐	☐

Cap. 6 ★ EDITAL SISTEMATIZADO

Conhecimentos bancários

Disciplina	Leitura 1	Leitura 2	Revisão	Resolução de provas anteriores
Estrutura do Sistema Financeiro Nacional: Conselho Monetário Nacional; Comitê de Política Monetária (Copom). Banco Central do Brasil; Comissão de Valores Mobiliários	☐	☐	☐	☐
Produtos bancários: noções de cartões de crédito e débito, crédito direto ao consumidor, crédito rural, caderneta de poupança, capitalização, previdência, investimentos e seguros	☐	☐	☐	☐
Noções do mercado de capitais e de câmbio	☐	☐	☐	☐
Garantias do Sistema Financeiro Nacional: aval, fiança, penhor mercantil, alienação fiduciária, hipoteca, fianças bancárias, Fundo Garantidor de Crédito (FGC)	☐	☐	☐	☐
Crime de lavagem de dinheiro: conceito e etapas	☐	☐	☐	☐
Prevenção e combate ao crime de lavagem de dinheiro: Lei nº 9.613/1998 e suas alterações, Circular Bacen nº 3.461/2009 e suas alterações e Carta-Circular Bacen nº 3.542/2012	☐	☐	☐	☐
Autorregulação bancária	☐	☐	☐	☐

Língua Inglesa

Disciplina	Leitura 1	Leitura 2	Revisão	Resolução de provas anteriores
Conhecimento de um vocabulário fundamental e dos aspectos gramaticais básicos para a interpretação de textos técnicos	☐	☐	☐	☐

CAPÍTULO 7

PLANNER

Sumário: 7.1. O que é um *planner* e como utilizá-lo: *Planner mensal*; *Planner semanal*; *Planner diário* – 7.2. *Autocoaching*: montando a grade de estudos.

7.1. O QUE É UM *PLANNER* E COMO UTILIZÁ-LO

A rotina de um concurseiro é sempre cheia, pois os editais exigem um volume grande de matérias e tópicos a serem estudados. É preciso conciliar o estudo com outras atividades cotidianas: trabalho, tarefas domésticas, lazer, família e amigos. Muitas vezes, você poderá se sentir sobrecarregado e desorientado com a quantidade de informações que precisa organizar e de matérias que precisa estudar. Também é comum perder o controle do que já foi estudado e precisa de revisão ou reforço.

Há bons recursos disponíveis para ajudar nessa missão. Neste capítulo, disponibilizamos um deles: uma ferramenta de organização chamada *planner*.

Planner é um cronograma personalizado que ajuda a organizar suas tarefas, incluindo sua rotina de estudos. Com ele, você consegue programar o que vai estudar e quanto tempo vai reservar para cada matéria, montando uma grade de estudos que atenda às suas necessidades e à sua disponibilidade de tempo.

Ele pode ser estruturado para mostrar seu planejamento mensal, semanal ou diário. O que os difere, em termos gerais, é o nível de detalhes com os quais você preencherá eles. Veja alguns exemplos de *planners*.

Planner mensal

Nesse caso, você pode planejar suas atividades de forma mais ampla, com uma visão geral. Por exemplo, estipular que na primeira e na segunda semanas do mês irá estudar certo tipo de matéria, mas sem necessariamente determinar quanto tempo levará nessa tarefa.

DICA! Marque seus compromissos em dias específicos, a fim de se programar melhor e ter noção de quanto tempo você dispõe de fato para os estudos.

Cap. 7 ★ *PLANNER* | **183**

Planner mensal

Domingo	Segunda	Terça	Quarta	Quinta	Sexta	Sábado
					01	02
03	04	05	06	07	08	09
10	11	12	13	14	15	16
17	18	19	20	21	22	23
24	25	26	27	28	29	30
31						

Planner semanal

Neste tipo de *planner*, você pode descrever suas atividades de forma mais detalhada, especificar o horário em que vai estudar cada matéria, as pausas que pretende fazer, entre outros.

Planner diário

Se preferir detalhar ainda mais o planejamento, aqui você pode estabelecer suas atividades delineando uma meta diária de estudo.

Quando bem utilizada, essa ferramenta dá a segurança de saber que você está cobrindo toda a matéria necessária. Além disso, ela permite que você monitore e acompanhe seus próprios estudos a partir de objetivos de aprendizagem que você mesmo delimita.

7.2. *AUTOCOACHING*: MONTANDO A GRADE DE ESTUDOS

É importante calcular quanto tempo por dia você tem para dedicar aos estudos. Também é fundamental que essa estimativa seja realista, para que você consiga seguir o *planner*.

A seguir, veja uma sugestão passo a passo de como montar sua grade de estudos:

❶ Avalie sua rotina atual e marque no *planner* todos os compromissos com horários fixos. Inclusive atividades como trabalho, aulas, academia, buscar os filhos na escola, preparar o jantar... tudo! Para atividades fora de casa, não se esqueça de incluir o tempo de deslocamento (ida e volta).

❷ Depois de marcar todos esses compromissos no *planner*, você terá uma ideia clara de seu tempo livre. Determine os momentos do dia e da semana em que você vai estudar. Lembre-se de que não adianta preencher todas as horas livres com estudo: você deve marcar também horários-curinga, que serão utilizados para imprevistos, compromissos sem horário fixo e para repor horários de estudo, quando necessário. Você também deve marcar horários de entretenimento e de descanso, que são essenciais. Deixe, no mínimo, um dia inteiramente livre, sem estudos.

❸ Liste todas as matérias a estudar e as divida em categorias para saber quais exigirão mais tempo de estudo. Você pode fazer alguns tipos de categorização, como:

a) grau de dificuldade;

b) volume de conteúdo;

c) nível de conhecimento prévio.

Além das matérias, categorize o conteúdo de cada uma, pois alguns assuntos têm mais peso e são mais exigidos nas provas do que outros. Dessa forma, você conseguirá visualizar melhor tudo que tem que estudar.

❹ Depois de definir os horários de estudo, divida-os em blocos de duas a três horas, em uma ou duas sessões diárias. O modo de estudar vai variar de acordo com seu estilo e seus materiais. Portanto, você pode ler capítulos de livros, assistir a videoaulas, escrever resumos ou fichas da matéria, ouvir *podcasts*, fazer exercícios ou simulados das provas etc. O ideal é que você adapte as atividades ao que funciona melhor para você.

❺ Separe blocos menores para revisão de conteúdo.

❻ Pegue seu material de estudo e divida-o em módulos. Exemplos: 30 páginas de um capítulo, 50 minutos de um vídeo. Considere esses módulos como uma unidade de estudo daquela matéria.

❼ Distribua as matérias nos blocos, levando em conta que algumas podem exigir mais dedicação do que outras.

❽ Veja os tópicos que precisa estudar em cada matéria. Seja específico na descrição das atividades (por exemplo, Direito Constitucional – Direitos e deveres individuais e coletivos). Estabeleça metas para cada dia em que for estudar aquela matéria de novo (vou estudar isso em 10 minutos, ler esse texto em 5 minutos, vou aprender dois conceitos etc.).

❾ Periodicamente, faça uma autoanálise sobre seus estudos, avaliando se aprendeu de fato aquele conteúdo ou se ainda restam dúvidas. Não ache que retomar um tópico seja perda de tempo: caso note que há conteúdos que não conseguiu compreender muito bem, utilize outras estratégias de estudo para apreender melhor o assunto.

IMPORTANTE! Os horários e a quantidade de matéria que você marcar devem ser aceitáveis e realistas. Fazer uma grade de estudos possível de realizar evita futuras sensações de frustração e decepção.

Você tem pouquíssimo tempo para estudar? Veja algumas dicas:

✓ **Divida para conquistar.** Lembra-se do passo de dividir a matéria em módulos? Então, divida-a em módulos menores ainda: 15 páginas de um capítulo, 30 minutos de um vídeo. Encaixe pequenos módulos em horários livres do seu dia: depois do almoço no trabalho, no ônibus ou metrô, na fila do banco etc.

✓ **Priorize o que estudar.** Se você não tem tempo para estudar tudo, escolha o que é mais importante. Pode ser o conteúdo mais frequente na prova ou o que mais conta na pontuação. Aqui, mais uma vez, é importante ler o edital e escolher estrategicamente.

✓ **Priorize alguns horários de lazer (e abra mão de outros).** Se você não encontra tempo suficiente para estudar, talvez tenha que sacrificar alguns horários na semana que originalmente serviriam para outras atividades. Lembre-se também de que os fins de semana podem ser usados para o estudo!

✓ **Esteja sempre preparado.** Deixe sua mesa de estudos pronta, com os materiais à mão. Leve seu livro na mochila. Tenha fichas ou esquemas de revisão sempre com você. Tenha listas de exercícios impressas. Pode ser que apareça um tempo extra para estudar.

✓ **Busque obras do tipo sintetizado ou resumido.**

A seguir, há três modelos de *planners* semanais recortáveis para você começar a se organizar. Há outros modelos também disponíveis como Material Suplementar, veja como acessá-lo na orelha deste livro.

Minha semana:

Domingo

Segunda

Terça

Quarta

Quinta

Sexta

Sábado

Notas

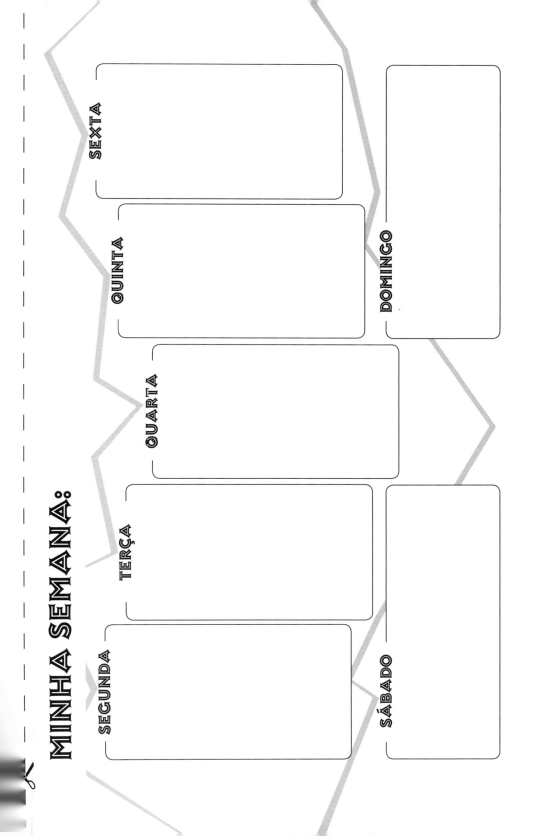

Minha semana:

CAPÍTULO 8

DIA DA PROVA

Sumário: 8.1. O dia anterior: Preparativos práticos; Relaxamento e sono – 8.2. O dia da prova: A manhã da prova; A espera antes da prova; Durante a prova; Ansiedade – 8.3. Os dias seguintes: Gabarito; Conferência; Correção; Recursos.

8.1. O DIA ANTERIOR

Preparativos práticos

a) Deslocamento

Você já viu aquelas fotos e vídeos de candidatos atrasados para a prova, que chegam desesperados, afobados, correndo, chorando? Então, faça o possível para que isso não aconteça com você! Não faz sentido estudar tanto para, no dia da prova, perder todo o seu esforço por mera desorganização.

Conheça antecipadamente o trajeto que fará até o local do exame. Se você estiver na mesma cidade do exame, faça o percurso do hotel ou da sua casa até o local da prova, com alguns dias de antecedência, se possível.

Conte o tempo de deslocamento e, no dia D, adicione uma hora a esse tempo. Se não estiver e/ou não tiver como fazer o percurso antes, veja o caminho pela internet e, no dia da prova, vá para o local com uma boa margem de tempo antes do horário de início do exame.

Se for utilizar o transporte público, tenha na manga pelo menos uma rota alternativa. Lembre-se de que, aos fins de semana, os ônibus costumam ser mais escassos. Preste atenção nisso. Se for de carro, tenha em mente que as ruas em torno do prédio do exame podem ficar engarrafadas e sem vagas para estacionar. Procure com antecedência um lugar para deixar o carro que não seja tão perto nem tão longe do local da prova. Pense também na possibilidade de pedir a um familiar ou amigo dirigir e deixar você no local da prova.

b) Materiais e documentos

Separe tudo no dia anterior. Reveja os documentos necessários para a realização da prova. Em regra, você deverá apresentar um documento original com foto, mas é sempre bom verificar o que mais o edital pede. Providencie os materiais necessários – lápis, caneta, borracha – e, por segurança, leve mais do que um de cada. Imagine levar só uma caneta e ela parar de funcionar? Aqui, também é importante verificar os

materiais aceitos em cada certame. Por exemplo, algumas bancas só permitem o uso de caneta preta. O Cespe, por exemplo, pede "caneta esferográfica de tinta preta fabricada em material transparente". Sim, os avaliadores têm seus motivos para chegar a esse grau de especificidade! Assim, é melhor prevenir do que remediar, e sempre ler o edital. Exemplos:

- **TJMG – Consulplan[1]**

16.8 - Legislação com entrada em vigor após a data de publicação deste Edital, bem como as alterações em dispositivos de lei e atos normativos a ela posteriores, não serão objeto de avaliação nas provas do concurso.

16.9 - O Acordo Ortográfico da Língua Portuguesa, implementado a partir de 1º de janeiro de 2009, será exigido para efeito de avaliação.

16.10 - A cada questão da prova objetiva de múltipla escolha será atribuído 1 (um) ponto.

16.11 - O ingresso do candidato na sala para a realização da prova objetiva de múltipla escolha somente será permitido dentro do horário publicado do *Diário do Judiciário eletrônico - DJe*, disponibilizado nos endereços eletrônicos www.tjma.jus.br e www.consulplan.net e especificado no CCI.

16.12 - Não será permitida nos locais de realização da prova objetiva de múltipla escolha, a entrada e/ou permanência de pessoas não autorizadas pela CONSULPLAN, observado o previsto no subitem 14.4.

16.13 - O candidato deverá comparecer ao local da prova objetiva de múltipla escolha com antecedência mínima de sessenta minutos antes do horário previsto para o início de sua realização, munido somente de caneta esferográfica de tinta azul ou preta indelével, fabricada com material transparente, do CCI e do documento de identidade oficial com o qual se inscreveu no Concurso Público.

16.13.1 - Serão considerados documentos de identidade oficial a carteira expedida pelos Comandos Militares, pelas Secretarias de Segurança Pública, pelos Institutos de Identificação e pelos Corpos de Bombeiros Militares; a carteira expedida pelos órgãos fiscalizadores de exercício profissional (ordens, conselhos etc.); o Passaporte brasileiro válido; o Certificado de Reservista; a carteira funcional expedida por órgão público que, por lei federal, valha como Identidade; a Carteira de Trabalho e Previdência Social – CTPS; a Carteira Nacional de Habilitação instituída pela Lei Federal nº 9.503, de 23 de setembro de 1997.

---

[1] Disponível em: <https://d3du0p87blxrg0.cloudfront.net/concursos/461/1_440809.pdf>. Acesso em: 05.10 .2017.

■ SEFAZ/PE – FCC[2]

> 7.7.1 O candidato que não entrar em contato com o SAC no prazo mencionado será o exclusivo responsável pelas consequências advindas de sua omissão.
>
> 7.8 Somente será admitido à sala de provas o candidato que estiver portando documento de identidade original que bem o identifique, como: Carteira e/ou Cédula de Identidade expedida

7.8 Somente será admitido à sala de provas o candidato que estiver portando documento de identidade original que bem o identifique, como: Carteira e/ou Cédula de Identidade expedida por Secretaria de Segurança Pública, pelas Forças Armadas, pela Polícia Militar, pelo Ministério das Relações Exteriores; Cédula de Identidade para Estrangeiros; Cédulas de Identidade fornecidas por Órgãos ou Conselhos de Classe que, por força de lei federal, valem como documento de Identidade, como as da OAB, CREA, CRM, CRC etc; Certificado de Reservista; Passaporte (dentro da validade); Carteira de Trabalho e Previdência Social, bem como Carteira Nacional de Habilitação (com fotografia, na forma da Lei n° 9.503/97).

7.8.1 Não serão aceitos como documentos de identidade: certidão de nascimento, CPF, títulos eleitorais, carteira nacional de habilitação sem foto, carteiras de estudante, carteiras funcionais sem valor de identidade.

7.8.2 Os documentos deverão estar em perfeitas condições, de forma a permitir, com clareza, a identificação do candidato.

7.8.3 Caso o candidato esteja impossibilitado de apresentar, no dia de realização das provas, documento de identidade original, por motivo de perda, roubo ou furto, deverá apresentar documento que ateste o registro da ocorrência em órgão policial, expedido há, no máximo, 30 (trinta) dias, sendo então submetido à identificação especial, compreendendo coleta de dados, de assinaturas e de impressão digital em formulário próprio.

7.8.4 A identificação especial será exigida, também, do candidato cujo documento de identificação gere dúvidas quanto à fisionomia, à assinatura ou à condição de conservação do documento.

7.9 Não haverá segunda chamada ou repetição de prova.

7.9.1 O candidato não poderá alegar desconhecimentos quaisquer sobre a realização da prova como justificativa de sua ausência.

7.9.2 O não comparecimento às provas, qualquer que seja o motivo, caracterizará desistência do candidato e resultará em sua eliminação do Concurso Público.

7.10 Objetivando garantir a lisura e a idoneidade do Concurso Público – o que é de interesse público e, em especial, dos próprios candidatos – bem como sua autenticidade, será solicitada aos candidatos, quando da aplicação das provas, a autenticação digital das Folhas de Respostas personalizadas e a assinatura em campo específico por três vezes.

7.11 Na realização das Provas serão fornecidos o Caderno de Questões e a Folha de Respostas personalizados com os dados do candidato, para aposição da assinatura no campo próprio e transcrição das respostas com caneta esferográfica de material transparente de tinta preta ou azul.

---

[2] Disponível em: <http://www.concursosfcc.com.br/concursos/fazpe114/fazpe114_edital_publicado.pdf>. Acesso em: 09.08.2017.

c) *Cuidados com saúde e bem-estar*

Não é incomum que os candidatos, no dia da prova, tenham reações corporais ocasionadas pela tensão. As mais comuns são dores de cabeça e problemas gastrointestinais. Cada um sabe o modo como seu corpo reage, então, preste atenção a possíveis indícios. Reconheça suas reações e tome a medida adequada para cada caso. Lenços de papel também podem ser de grande ajuda caso você tenha rinite ou coriza. Mulheres, se for o caso, lembrem-se de levar absorventes.

Outra coisa que pode ser muito útil é levar um lanchinho para a hora da fome. Nada pior que fazer prova com a barriga roncando.

Relaxamento e sono

É muito importante que você tenha uma noite de sono completa antes da prova. Não estude na noite anterior. Se você for daquelas pessoas que não conseguem ficar sem estudar, faça algo leve e mais rápido, como relembrar pontos--chave de uma matéria que você já tenha visto. Não comece a estudar algo novo e complexo. Se você mora com outras pessoas, deixe claro para elas que você precisa de um espaço para relaxar nesse momento.

À noite, faça alguma atividade que permita que você se desligue do assunto. Descanse, "mude de canal" mentalmente. A atividade mais eficaz para isso varia de pessoa para pessoa, portanto, descubra a sua.

Algumas atividades comuns para "desligar a cabeça" são: assistir um filme ou seriado, praticar um pouco do seu *hobby*, ligar para alguém querido que te apoia, ouvir músicas que você adora, passear com o cachorro, fazer uma caminhada ou corrida (mas não faça isso perto da hora de dormir), dar um passeio no *shopping*.

Conforme a hora de dormir se aproximar, vá tornando o ambiente mais escuro, aconchegante e calmo. Diminua as luzes, abaixe o som da TV, coloque roupas confortáveis.

Cada pessoa tem um jeito mais eficiente para relaxar e dormir, e é importante observar e perceber qual é o seu para evitar a insônia pré-prova.

O que ajuda todas as pessoas, sem exceção, é a atenção à **respiração**. Se sua respiração estiver limitada à parte de cima do tronco, e se for muito rápida e curta, é sinal de que você precisa se acalmar. A falta de ar é um indício ainda mais evidente disso.

O ideal é respirar usando a musculatura do diafragma. Isso quer dizer que você deve movimentar também o abdômen ao respirar, e não apenas o tórax.

Um exercício de respiração simples e bastante difundido é a **técnica 4-7-8**. Ela funciona da seguinte maneira:

1. inspire o ar pelo nariz, contando até quatro;
2. prenda a respiração, contando até sete;
3. expire pela boca, contando até oito.

Esse exercício pode ser feito deitado de barriga para cima, com as mãos sobre o abdômen. Assim, você perceberá o movimento da respiração no corpo.

Perceba que, nesse exercício, o tempo de expiração é maior que o de inspiração, o que ajuda a desacelerar os batimentos cardíacos e relaxar. Repita quantas vezes forem necessárias para você se acalmar, normalmente dez já são suficientes.

Se quiser adicionar um **alongamento** para potencializar os efeitos da respiração ritmada, faça a flexão de tronco. Ela funciona da seguinte maneira:

1. sente-se na beira da cama ou em uma cadeira;
2. incline o tronco para frente, chegando o mais perto possível de apoiá-lo nas coxas;
3. se você não encostar o tronco nas coxas, não tem problema: use um travesseiro ou almofada para apoiar;
4. solte o peso da cabeça e dos braços em direção ao chão;
5. nessa posição, respire pela técnica 4-7-8;
6. mantenha a posição e a respiração até se sentir mais calmo, ou enquanto se sentir confortável.

Já deitado, é possível fazer um exercício que vem da **ioga**, e é bastante simples:

1. deite em sua cama de barriga para cima, com os braços e pernas relaxados e levemente afastados. As palmas das mãos devem ficar para cima;
2. se for mais confortável, coloque uma toalha dobrada ou um travesseiro embaixo dos joelhos, fica a seu critério;
3. respire conscientemente;
4. pense em cada parte do seu corpo. Foque a atenção em cada uma delas, sempre na direção dos pés à cabeça;
5. a ordem será: dedos dos pés, pernas, quadril, coluna, abdômen, mãos, braços, ombros, pescoço, mandíbula, testa;
6. conforme pensa em uma parte do corpo, relaxe-a. Se preferir, mentalize uma luz quentinha que percorre essa parte do corpo, acalmando-a e a descontraindo;
7. não se esqueça da respiração.

Você pode permanecer nessa técnica por quanto tempo quiser. O provável é que acabe dormindo no meio do processo.

Para algumas pessoas, exercícios de meditação e relaxamento guiados funcionam melhor. O YouTube tem diversos canais e vídeos muito interessantes sobre o assunto, faça uma busca e veja o que lhe agrada.

8.2. O DIA DA PROVA

A manhã da prova

a) Despertador

Todo cuidado é pouco. Coloque pelo menos dois despertadores para não correr o risco de perder a hora e se atrasar. Se possível, peça para alguém te acordar também.

b) Cuidados com alimentação

Antes da prova, é sempre recomendado que se tome um café da manhã reforçado. Se a prova for à tarde, o almoço deve ser leve. É importante evitar comidas gordurosas e de digestão difícil, pois elas podem causar sonolência e lentidão. É melhor não mudar demais seus hábitos alimentares no dia da prova. Evite comer em restaurantes desconhecidos ou ingerir alimentos fora de seu cardápio habitual.

Se você tem o hábito de tomar café preto, não altere a quantidade ingerida nem para mais nem para menos. Se você ingerir mais café que o normal, pode aumentar a ansiedade, ter taquicardia, agitação etc. Se ingerir menos, pode ficar sonolento. Portanto, apenas mantenha seu costume!

c) *O que vestir para a prova*

Provas escritas geralmente levam muitas horas. O ideal é vestir roupas e sapatos confortáveis, aqueles que você esquece que está usando. Uma calça ou um sapato apertado vão acabar tirando sua concentração.

Consulte a previsão do tempo para o dia da prova e vista-se de acordo com a temperatura prevista para o dia, mas não se esqueça de que a sala da prova pode ter ar-condicionado, então leve um agasalho; vá com uma camiseta por baixo do casaco, no caso de a sala estar fechada e abafada. Ou seja, programe-se para as duas situações, calor e frio.

No dia da prova escrita, não se preocupe em parecer elegante ou bem vestido. Em outras fases do concurso, tais como provas práticas ou orais, você vai se apresentar a um ou mais examinadores, aí sim é interessante vestir-se como se estivesse indo para um dia de trabalho naquele cargo.

Alguns concursos são uma exceção importante, pois exigem que os candidatos se apresentem em trajes condizentes com a carreira. Um exemplo são algumas provas para delegado:[3] homens devem ir de terno, e não podem tirar o paletó durante a prova; mulheres devem usar vestido, ou saia ou calça social com blusa social. Como essa instrução é exceção, ela deve estar presente no edital. Então, de novo, leia-o com muita atenção para ver se ele apresenta essas particularidades. Exemplo:

---

[3] Disponível em: <https://documento.vunesp.com.br/documento/stream/MTkxNg%-3d%3d>. Acesso em: 05.10.2017.

Cap. 8 ★ DIA DA PROVA **205**

5. Será permitida consulta à legislação, desacompanhada de anotação ou comentário, vedada a consulta a obras doutrinárias, súmulas e repertórios ou orientação jurisprudencial. Não será admitido o uso de equipamento eletrônico, observando-se o previsto no item 12, do Capítulo IX.1.1, sob pena de desligamento do concurso.

6. Para ter acesso ao local da prova escrita, o candidato deverá apresentar-se trajado de forma compatível com a tradição forense, ou seja, o social: para homens terno, camisa, gravata e sapato e para mulheres vestido, saia, calça social, blusa social, sapato ou sandália.

6.1 O candidato que não se apresentar devidamente trajado, nos termos deste edital, não realizará a prova, sendo considerado ausente e eliminado do concurso.

Caso não haja orientação nesse sentido e você continuar inseguro, use uma roupa um pouco mais formal, algo que permitiria seu acesso a repartições e órgãos públicos.

Nem pense em levar boné, gorro, chapéu e similares. A maioria das bancas não permite, e em alguns casos não deixa nem o candidato entrar na sala usando esses adereços. Para quem tem cabelo comprido, pode ser que o fiscal peça para prender, então, leve um acessório para isso. Tudo isso para evitar possíveis colas.

A espera antes da prova

Como você vai chegar ao local do exame com antecedência, é muito provável que tenha que esperar um bom tempo antes de começar a prova. Nesse momento, a ansiedade pode crescer. Assim, **evite** as seguintes situações:

✓ ficar perto de candidatos muito ansiosos, alarmistas, pessimistas. Você pode se contaminar com a negatividade e o nervosismo;

✓ o outro extremo, ou seja: ficar perto de candidatos que se gabam do quanto estudaram, do quanto estão preparados, de como são bons. Pode gerar insegurança, o que é inútil;

✓ ficar perto daquele candidato que levou um monte de material para estudar de última hora, pois isso pode aumentar sua ansiedade.

É importante se conhecer e entender o que vai aliviar sua ansiedade na espera pelo início da prova. Algumas pessoas gostam de se isolar e se concentrar. Outras gostam de companhia e conversa (desde que o assunto não seja negativo, e, de preferência, que não seja sobre a prova). Também é possível ouvir uma música que você goste, levar algo para ler, fazer uma meditação simples ou exercícios de respiração.

Você não consegue ficar sem estudar antes da prova? Sente que esse é o melhor jeito de aliviar sua ansiedade? OK, então leve um material para estudar. A dica aqui, porém, é fazer uma simples revisão, ou seja, a mesma coisa do dia anterior à prova, não pegue uma coisa nova e complexa para estudar momentos antes do exame.

Durante a prova

a) Alimentação

É interessante alternar entre alimentos leves e hidratação. Biscoitos, barrinhas de cereal, frutas. Chocolate também é uma boa opção para dar um ânimo extra. O meio amargo é o mais indicado por nutricionistas, já que aumenta o fluxo sanguíneo para o cérebro, ajudando temporariamente a melhorar a função cognitiva e o humor.

b) Hidratação

A garrafinha de água é sua melhor amiga! A falta de hidratação pode ser prejudicial na hora da prova, pois atrapalha a concentração, a leitura e o raciocínio, e pode até dar dor de cabeça. Algumas bancas exigem que a garrafa seja transparente e sem rótulo, sempre com o objetivo de evitar colas. Por via das dúvidas, leve uma garrafa assim. Não se preocupe se você tiver que levantar para ir ao banheiro: essa vai ser uma pausa boa para relaxar um pouco e "reiniciar" o cérebro.

c) Planejamento das respostas

Assim que a prova chegar, é importante lembrar-se de preencher todas as informações necessárias para que ela seja corrigida. Coloque seus dados no cartão de respostas ou na folha de redação, e assine a prova.

Nos exames de múltipla escolha, reserve uns quinze minutos para passar as respostas para o gabarito, o que deve ser feito do modo mais cuidadoso possível. Portanto, se seu tempo estiver perto de acabar, apenas chute as respostas que não sabe (nas provas em que há desconto na pontuação por resposta incorreta, como as do Cespe, é melhor deixar em branco). Não perca tempo tentando resolvê-las, arriscando-se a não conseguir passar todas as respostas para o gabarito.

Para exames dissertativos, o cuidado é o mesmo: como você se preparou para a prova estudando, treinando e resolvendo questões, deve saber se prefere "montar um esqueleto" da sua resposta, separando tópicos a serem abordados, ou se já é melhor rascunhar a resposta completa em uma folha para depois passar o texto final para a folha de respostas. De qualquer modo, administre seu tempo e reserve o necessário para que consiga transcrever as questões ou para desenvolvê-las na folha oficial de respostas.

DICA! Se permitido, quando sair do local de prova, leve sua folha de rascunhos. Suas anotações podem ser confrontadas com as respostas do gabarito.

Ansiedade

Você já deve ter feito, ou conhece alguém que fez, uma prova sem expectativa alguma. Consequentemente, o nervosismo foi menor, e talvez o desempenho melhor.

Na hora da prova, a ansiedade, apesar de natural, pode prejudicar a recuperação de todas as informações estudadas. O primeiro passo para dominá-la é: aceite que ela existe e que é normal. Não fique se culpando por se sentir desse jeito. Porém, assim que você identificar a ansiedade, é importante ter estratégias para dominá-la.

O estado mental a ser buscado durante toda a jornada de estudos para concurso é focar mais em aprender do que em passar na prova. O aprendizado é o processo, passar na prova é uma consequência disso.

No dia da prova, procure fazer o seu melhor, naquele dia, para aquela prova. Compreenda que ninguém – nem mesmo quem passou no concurso que almejava – conseguiu isso do dia para a noite. De fato, essas pessoas sempre têm uma coleção de histórias de provas em que não passaram, de momentos em que pensaram "agora vai" e não foram, de equívocos, de injustiças... Isso é normal e faz parte do processo, e, se acontecer com você, estará dentro do esperado.

Por fim, pare de se comparar com os outros. Compare o seu eu de hoje ao seu eu do passado – essa é a verdadeira medida do seu progresso.

DICA! Procure ler a jornada de tantos concurseiros de sucesso para se inspirar.

> *Esse é um ótimo caminho, mas que não é fácil. Busque bons materiais de estudo, construa uma rotina saudável para sua preparação e invista em você. Cuide de sua saúde, da sua alimentação e faça algum exercício de baixo impacto (caminhada ou natação, por exemplo). Veja a sua preparação como uma ferramenta para mudar de vida. Só depende de você, da sua persistência e da sua determinação. Te desejo sucesso.*
>
> *Rodrigo Rennó, Especialista em Políticas Públicas e Gestão Governamental do Ministério do Planejamento, Orçamento e Gestão*

8.3. OS DIAS SEGUINTES

Gabarito

Se sua prova for de múltipla escolha, é bastante provável que você consiga levar uma cópia de suas respostas para casa. Há, em regra, um gabarito oficial, que ficará com o examinador (aquele que você deve preencher a caneta e com o máximo de cuidado possível), e um gabarito extra, de rascunho. É importante levá-lo caso você queira fazer a correção em casa e ver quantos pontos fez.

Se sua prova for de questões dissertativas, provavelmente poderá levar o rascunho para casa. Nesse caso, há uma folha oficial de resposta, que ficará com o examinador, e a folha de rascunho. É provável que você não responda na folha de rascunho exatamente como na folha oficial, por falta de tempo. É possível que você responda em tópicos ou de modo incompleto; enfim, de qualquer modo, é interessante levar a folha com os pontos principais para casa, para você lembrar do conteúdo principal de suas respostas e conseguir compará-las com as respostas oficiais lançadas pela banca.

Conferência

Se você quer conferir suas respostas antes de a banca liberar o gabarito oficial, há alguns *sites* de cursos preparatórios para concurso que realizam uma correção antecipada da prova e soltam gabaritos extraoficiais. Geralmente, essas respostas são disponibilizadas no mesmo dia da realização da prova, na parte da noite. Esses cursos trabalham rápido para liberar as respostas!

Nesses gabaritos, você consegue ter uma ideia bastante aproximada da correção real da prova, embora não haja garantia de 100% de concordância entre os professores dos cursos e a banca do certame.

Uma vantagem de fazer essa conferência é que os cursos preparatórios geralmente apontam questões problemáticas, que podem ser ambíguas, mal formuladas, com embasamento falho, com mais de uma resposta possível... Pode haver uma série de problemas com questões de concurso. Assim, sabendo que a questão é falha, você tem um norte caso queira questionar sua pontuação. Acompanhar essas correções é um modo de saber quais questões comportam recurso (vamos falar disso adiante).

Correção

A correção oficial da prova será feita com o gabarito que as bancas disponibilizam em seus *sites*. Em regra, o gabarito oficial não sai no mesmo dia da prova. Os editais geralmente trazem um cronograma geral do concurso, e é lá que você vai conferir a data em que o gabarito será lançado pela banca. Em alguns casos, entretanto, essa parte do cronograma estará marcada com "A definir" ou algo parecido. Daí, o ideal será acompanhar as datas pelo *site* de cada banca.

DICA! Às vezes, a banca solta o gabarito um ou dois dias antes do previsto.

É comum que em até dois dias depois da prova a banca solte o chamado "gabarito preliminar". Esse gabarito já é o considerado correto, mas tem esse nome porque ainda não foi confrontado pelos recursos.

Recursos

Os concursos públicos comportam uma ferramenta chamada recurso. Por meio dela, é possível questionar diversos pontos: partes do edital, respostas de questões, resultados de todos os tipos de provas, entre outros. A contestação por meio de recurso é um direito do candidato.

Alguns autores que escrevem sobre concursos públicos consideram que, hoje, a fase recursal é praticamente outra fase do concurso. Isso porque um recurso pertinente e bem fundamentado pode aumentar a pontuação do candidato e fazer sua colocação subir na lista.

Como, então, entrar com um recurso? Bem, cada banca organizadora tem suas próprias regras, encontradas no edital.

Os editais costumam ter um tópico chamado "Dos recursos", que detalha como interpor um recurso, além de listar prazos e datas importantes.

Em alguns casos, o edital traz o modelo de recurso a ser seguido. Se não houver modelo, há bons *sites* e *blogs* (novamente, os *sites* de cursos para concurso são uma boa fonte) que disponibilizam modelos. Em outros casos, o edital traz um *link* para que o pedido seja realizado no próprio *site*. Também existe a possibilidade, em alguns certames, de exigência de entrega via correios ou até pessoalmente.

ATENÇÃO! O prazo para o envio, o formato correto e o endereçamento à autoridade devida são elementos gerais que devem ser observados no recurso. Além disso, ele deve ser bem organizado, objetivo, pertinente e claro.

Mandado de segurança

O mandado de segurança é um artifício constitucional concedido "para proteger direito líquido e certo, não amparado por *habeas corpus* ou *habeas data*, quando o responsável pela ilegalidade ou abuso de poder for autoridade pública ou agente de pessoa jurídica no exercício de atribuições do Poder Público" (CF, artigo 5º, LXIX).

Assim, caso não haja recurso específico no edital para alguma situação, é possível a impetração do mandado de segurança para proteger o direito que o candidato entenda ameaçado, desde que dentro da hipótese de cabimento.

CAPÍTULO 9

FINALMENTE PASSEI

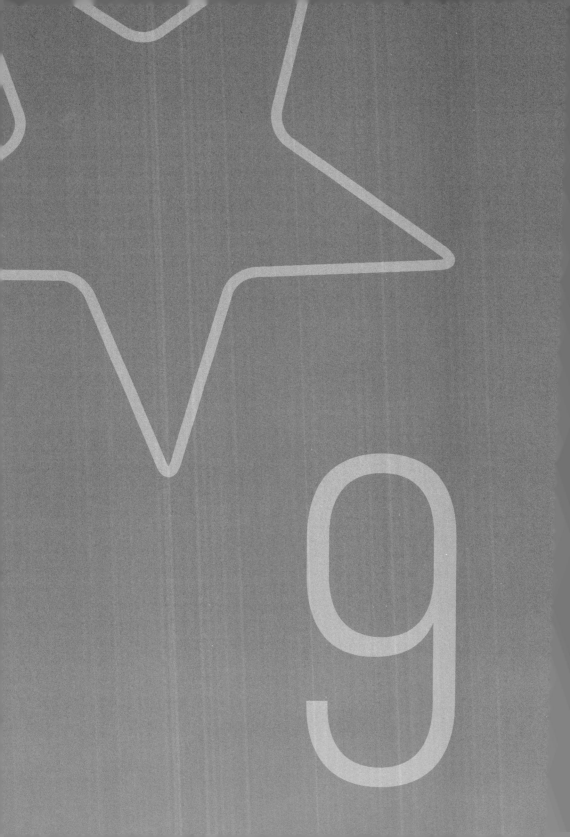

Sumário: 9.1. Como garantir que passei? O que significa passar em um concurso público? Posso começar a trabalhar? – 9.2. Candidatos aprovados para as vagas disponíveis – 9.3. Candidatos aprovados para o cadastro de reserva – 9.4. O que mais devo saber: Concurso de remoção; Pedido de reclassificação ou reposicionamento; Estágio probatório – 9.5. Acabou? Agora posso começar a comemorar? Gastar por conta?

9.1. COMO GARANTIR QUE PASSEI? O QUE SIGNIFICA PASSAR EM UM CONCURSO PÚBLICO? POSSO COMEÇAR A TRABALHAR?

Após ser aprovado em todas as etapas do certame, inclusive na entrega de documentos e nos exames médicos, a garantia da aprovação ocorre pela homologação do concurso, que é o ato pelo qual a autoridade administrativa o confirma ou aprova para que tenha validade.

É comum que a homologação demore para acontecer. Pois, como vimos, é direito de todos os candidatos que quiserem apresentar recursos em todas as fases do certame e ainda se socorrer do mandado de segurança para questionar alguma posição da banca examinadora. E é preciso que essa "fase recursal" se encerre para que haja a homologação.

Lembre-se de que a quantidade de inscritos em concursos públicos vem aumentando com o passar dos anos e, consequentemente, a concorrência também. Em decorrência disso, é natural que o volume de recursos também cresça, o que demanda mais tempo para que a banca possa analisar todos, e, portanto, a homologação demora um pouco mais para ser feita.

A homologação será publicada no *Diário Oficial* do Estado em que o certame foi realizado ou no *Diário Oficial da União,* caso tenha sido um concurso para a área federal. Nessa publicação, constarão o nome e o número do RG dos candidatos aprovados em ordem de classificação. É comum constarem todas as pessoas aprovadas, mesmo que ultrapasse a quantidade de vagas.

Depois da publicação, ocorre a nomeação; em seguida, a posse; e, finalmente, o tão sonhado exercício.

Para facilitar a visualização dos acontecimentos, temos o quadro a seguir:

Aprovação	Homologação	Nomeação	Posse	Exercício
É a avaliação positiva de um candidato em todas as fases de um concurso.	Ato pelo qual a autoridade administrativa confirma ou aprova o concurso para que tenha validade.	Designação do candidato aprovado para exercício de um cargo ou função pública.	Ato pelo qual o candidato aprovado assume o exercício de cargo ou função para a qual foi nomeado.	É a prática ou o desempenho de cargo ou função para a qual o candidato aprovado foi empossado.

A nomeação também é feita por publicação nos *Diários Oficiais* ou, em alguns casos, pelo envio de telegramas ou outro tipo de comunicação. Nela é possível saber onde o candidato aprovado desempenhará suas funções.

O ideal é que você acompanhe com cuidado o desenrolar dessas etapas finais. Já no edital, procure as orientações referentes a nomeação, posse e exercício, e verifique como serão realizadas.

Não é raro que haja publicação nos diários e o candidato menos atento não o localize e isso passe despercebido. Não cometa esse erro, pois os prazos nessas etapas costumam ser breves e qualquer exigência precisa ser cumprida com rapidez.

Da nomeação para a posse, o prazo é ainda menor, uma vez que todas as providências que poderiam ter sido requeridas já foram atendidas e o próximo passo é o esperado exercício da função. No momento da posse, o candidato aprovado assume o cargo e tudo o que o envolve, como as questões éticas da função que desempenhará.

A Lei 8.112/1990 estabelece alguns prazos e as seguintes observações:

Art. 10. A nomeação para cargo de carreira ou cargo isolado de provimento efetivo depende de prévia habilitação em concurso público de provas ou de provas e títulos, obedecidos a ordem de classificação e o prazo de sua validade.

Parágrafo único. Os demais requisitos para o ingresso e o desenvolvimento do servidor na carreira, mediante promoção, serão estabelecidos pela lei que fixar as diretrizes do sistema de carreira na Administração Pública Federal e seus regulamentos.

[...]

> Art. 13. A posse dar-se-á pela assinatura do respectivo termo, no qual deverão constar as atribuições, os deveres, as responsabilidades e os direitos inerentes ao cargo ocupado, que não poderão ser alterados unilateralmente, por qualquer das partes, ressalvados os atos de ofício previstos em lei.
>
> § 1º A posse ocorrerá no *prazo de trinta dias contados da publicação do ato de provimento.*
>
> [...]
>
> Art. 15. Exercício é o efetivo desempenho das atribuições do cargo público ou da função de confiança.
>
> § 1º É de *quinze dias o prazo para o servidor empossado em cargo público entrar em exercício,* contados da data da posse. (grifo nosso)

Não se esqueça de que essa lei disciplina apenas os servidores públicos civis da União. Caso o concurso que você tenha feito seja do âmbito estadual, busque pela lei que disciplina os servidores ou funcionários estaduais, ou, ainda, busque a norma que disciplina a carreira.

Realizada a posse, resta o exercício da função!

9.2. CANDIDATOS APROVADOS PARA AS VAGAS DISPONÍVEIS

Muita polêmica existiu sobre o aproveitamento dos candidatos aprovados fora do número de vagas previsto no edital. A repercussão do assunto foi tanta, que o Supremo Tribunal Federal se pronunciou no seguinte sentido:

Tese de Repercussão Geral – RE 837311 – *O surgimento de novas vagas ou a abertura de novo concurso para o mesmo cargo, durante o prazo de validade do certame anterior, não gera automaticamente o direito à nomeação dos candidatos aprovados fora das vagas previstas no edital,* ressalvadas as hipóteses de preterição arbitrária e imotivada por parte da administração, caracterizada por comportamento tácito ou expresso do Poder Público capaz de revelar a inequívoca necessidade de nomeação do aprovado durante o período de validade do certame, a ser demonstrada de forma cabal pelo candidato. *Assim, o direito subjetivo à nomeação do candidato aprovado em concurso público exsurge nas seguintes hipóteses: I – Quando a aprovação ocorrer dentro do número de vagas dentro do edital; II – Quando houver preterição na nomeação por não observância da ordem de classificação; III – Quando surgirem novas vagas, ou for aberto novo concurso durante a validade do certame anterior, e ocorrer a preterição de candidatos de forma arbitrária e imotivada por parte da administração nos termos acima.*[1] (grifo nosso)

Outro aspecto importante dessa decisão é a questão do direito subjetivo à nomeação do candidato aprovado, quando essa aprovação ocorrer dentro do número de vagas do edital. A decisão estabelece que o candidato aprovado tem o direito de ser nomeado, empossado e exercer as atribuições de seu cargo.

O fato é que você deve estar preparado para um período de espera. Como o concurso possui prazo de até dois anos, prorrogável uma vez por igual período, é possível que passe quatro anos para que você chegue à fase do exercício. Apesar de ter o direito à nomeação assegurado, não existe uma decisão que determine que tudo se desenvolva rapidamente.

Portanto, passar em concurso não significa que você logo começará a trabalhar. É preciso obedecer a uma ordem para chegar até o efetivo exercício do cargo.

9.3. CANDIDATOS APROVADOS PARA O CADASTRO DE RESERVA

Como foi visto no Capítulo 1, o **cadastro de reserva** é a possibilidade de abrir um concurso para vagas futuras. Quando da publicação do edital, o número de vagas não será disponibilizado, pois naquele momento não há vagas, apenas uma probabilidade de que elas surjam.

A realização de concursos apenas para a formação do cadastro de reserva não é ilegal, mas não é a melhor opção para quem pretende assumir um cargo rapidamente.

---

[1] Disponível em: <http://www.stf.jus.br/portal/jurisprudencia/menuSumarioTese.asp?tipo=-TRG&tese=3522&termo=concurso%20p%FAblico>. Acesso em: 09.08.2017.

Caso você tenha pressa, o melhor é escolher um concurso para o preenchimento de vagas imediatas, pois neles existem duas possibilidades: que todos os aprovados sejam chamados de uma só vez ou que sejam chamados aos poucos, conforme a classificação.

9.4. O QUE MAIS DEVO SABER

Concurso de remoção

O concurso de remoção é um processo seletivo interno, com edital aberto somente para servidores e funcionários no exercício das atribuições. Essa seleção pode ocorrer em todas as áreas, basta que o servidor ou funcionário público atenda aos requisitos solicitados. Em alguns casos, os concursos de remoção podem ser abertos antes do concurso para o público em geral, até para que haja uma reorganização interna do órgão.

Pedido de reclassificação ou reposicionamento

Existe a possibilidade de o candidato requerer que seja colocado no último lugar da lista, mesmo que tenha uma boa classificação. Pode parecer estranho, mas, como o concurso pode se arrastar por um tempo considerável, tem gente que precisa desse período para finalizar projetos que tinha iniciado ou fazer um intercâmbio, por exemplo, os motivos são muito individuais. Enfim, não gera nenhum tipo de problema para a Administração tampouco para os outros candidatos, mas é importante para algumas pessoas. Por vezes, esse pedido já vem previsto no edital. Caso tenha interesse, fique atento.

Estágio probatório

O estágio probatório é o período de 24 meses em que o servidor ou funcionário público é avaliado sob diferentes aspectos, como disciplina e responsabilidade. No seu término, o funcionário é considerado apto ou inapto para o exercício de suas atribuições. Caso seja considerado inapto, pode ser exonerado. Portanto, esse tempo de avaliação é extremamente importante, pois é o desempenho apresentado que definirá se a pessoa vai adquirir ou não a estabilidade.

Mais uma vez, trazemos a Lei 8.112/1990 para que seja possível visualizar sob quais aspectos recai a avaliação do servidor federal:

> Art. 20. Ao entrar em exercício, o servidor nomeado para cargo de provimento efetivo *ficará sujeito a estágio probatório por período de 24 (vinte e quatro) meses, durante o qual a sua aptidão e capacidade serão objeto de avaliação para o desempenho do cargo, observados os seguintes fatores:*
>
> I – assiduidade;
>
> II – disciplina;
>
> III – capacidade de iniciativa;
>
> IV – produtividade;
>
> V – responsabilidade.
>
> § 1º 4 (quatro) meses antes de findo o período do estágio probatório, será submetida à homologação da autoridade competente a avaliação do desempenho do servidor, realizada por comissão constituída para essa finalidade, de acordo com o que dispuser a lei ou o regulamento da respectiva carreira ou cargo, sem prejuízo da continuidade de apuração dos fatores enumerados nos incisos I a V do *caput* deste artigo.
>
> § 2º *O servidor não aprovado no estágio probatório será exonerado* ou, se estável, reconduzido ao cargo anteriormente ocupado, observado o disposto no parágrafo único do art. 29. (grifo nosso)

IMPORTANTE! Lembre-se de que não é a aprovação no concurso que garante a estabilidade, mas sim o seu bom desempenho, que será avaliado durante todo o estágio probatório.

9.5. ACABOU? AGORA POSSO COMEÇAR A COMEMORAR? GASTAR POR CONTA?

O ideal seria que da aprovação ao exercício fosse tudo rápido o bastante para que não houvesse este item no livro. Claro que você pode e deve comemorar muito a conquista, porque uma etapa foi concluída. Porém, é importante ressaltar que em alguns casos a espera até começar a realmente trabalhar no cargo público pode ser longa e angustiante.

Alguns candidatos ficam tão felizes que, depois da homologação do concurso, já pedem demissão de seus empregos e acreditam que em pouco tempo serão chamados. Infelizmente, a realidade não é essa. Alguns concursos são mais dinâmicos, e como consequência o exercício pode chegar mais rápido. Enquanto em outros, mais complexos, pode demorar mais de um ano para a homologação ser feita. Geralmente, concursos que exigem cursos de formação, como os voltados para a Segurança Pública, estão nessa hipótese.

Caso você tenha pressa para começar a trabalhar e perceba que o seu concurso não está seguindo como o esperado, aproveite a disciplina que desenvolveu e volte a estudar, faça provas similares a que foi aprovado. É muito comum que candidatos aprovados e que continuam estudando passem em vários concursos, porque a pressão pela aprovação já não é tão grande.

Com mais calma e sem tanta insegurança, esses candidatos chegam a ter a possibilidade de escolher em qual concurso tomarão posse. Esse é o tipo de problema que todo concurseiro gostaria de ter, não é mesmo?

Quanto aos seus gastos, tenha cautela. O ideal é que você não conte logo depois da aprovação com essa remuneração para planos futuros. Deixe para pelo menos três meses depois de ter entrado em exercício, pois em alguns casos, como nas carreiras que exigem curso de formação, você terá que gastar para se manter, já que não será possível trabalhar e fazer o curso, e isso gera mais gastos.

CAPÍTULO 10

NÃO FOI DESSA VEZ

10

Sumário: 10.1. Falar sobre os fracassos – 10.2. Os dias seguintes ao resultado – 10.3. O que fazer de diferente – 10.4. Tente outra vez – 10.5. Resiliência: a capacidade de se recuperar de adversidades – 10.6. Recomece!

Infelizmente, você não foi aprovado naquele concurso para o qual passou tanto tempo estudando. Você provavelmente está se sentindo mal e com uma série de dúvidas a respeito de si e de seus planos. Mantenha a calma!

Em primeiro lugar, saiba que isso acontece com praticamente todo concursando. Em média, apenas 4% dos candidatos são aprovados no primeiro concurso que prestam. Depois, é importante ter em mente que não passar em uma prova não significa o fim do caminho. O fracasso é uma importante fonte de aprendizagem, um treino de resiliência e a oportunidade para que você tente novamente, de um jeito mais amadurecido.

10.1. FALAR SOBRE OS FRACASSOS

Muito provavelmente, um dos motivos pelos quais os fracassos parecem bichos de sete cabeças é porque não falamos muito sobre eles. Atualmente, acompanhamos a vida de outras pessoas, basicamente, pelas redes sociais. O problema é que nessas redes tendemos a compartilhar apenas aquilo que deu certo. Sucessos não ocorrem todos os dias e, geralmente, são construídos às custas de muitas horas de dedicação, de sacrifícios e de um passado cheio de tentativas e recomeços. Todo mundo tem problemas, adversidades, desafios, dificuldades. Aquilo que dá certo é uma parte pequena da vida, mas, em *sites* e aplicativos, como o Facebook e o Instagram, só vemos e expomos o lado lindo e editado da vida.

Muitas vezes, diante da felicidade e boa fase dos outros, acabamos nos comparando a eles, o que pode levar a muita ansiedade, frustração e autocobrança indevidas, no estilo "coisas boas só acontecem com os outros".

Michelle Obama falou sobre fracassos recentemente em uma entrevista:

> "Mantenha o foco em aprender, mais do que em ser bem--sucedido – em vez de fingir que entendeu algo que você não entendeu, apenas levante a mão e pergunte [...] e, pelo amor de Deus, deixe-se falhar às vezes – não errinhos bobos, mas erros grandes, enormes, daqueles que abalam a autoconfiança.

Compreenda que ninguém – especialmente as pessoas que são bem-sucedidas – simplesmente salta de conquista em conquista. As pessoas mais realizadas do mundo falham, e falham enormemente. É assim que elas aprendem tanto, crescem tão rápido e se tornam tão interessantes e sábias."[1]

A fala de Michelle tem alguns pontos importantes:

❶ **Mantenha o foco em aprender, mais do que em ser bem-sucedido.** Como dissemos anteriormente, o aprendizado é o processo, passar na prova é uma consequência disso. Foque em acumular conhecimento para, então, ser aprovado em um concurso público.

❷ **Se não entendeu, apenas pergunte (ou busque a resposta para sua dúvida).** Humildade é muito importante. Reveja os pontos que precisam ser trabalhados. Descubra suas dificuldades, suas matérias menos preferidas, suas dúvidas, e resolva-as.

❸ **Deixe-se falhar às vezes.** Leve a vida com menos cobrança e menos julgamento. É apenas parte do processo. Quem está em algum projeto de mudança de vida tem que aprender a conviver com momentos de dificuldade, pois eles vão acontecer, muitas vezes são inevitáveis.

❹ **As pessoas mais realizadas do mundo falham, é assim que elas aprendem.** A não aprovação deve ser vista como oportunidade de perceber onde você pode melhorar e se dedicar ainda mais para tentar de novo.

Sucesso e falha andam de mãos dadas. Se você busca um, eventualmente vai dar de cara com a outra. Quem tenta, comete erros. Decidir estudar para concursos é aceitar sair de uma zona de conforto em nome de um benefício futuro. O desconforto da não aprovação é parte de toda

---

[1] Disponível em: <http://time.com/3502226/michelle-obama-awkward-middle-school/>. Acesso em 21.08.2017.

essa jornada. Quando você conseguir passar, vai olhar para trás e ver que os momentos desafiadores valeram a pena.

Diria para quem acabou de ser reprovado como primeira coisa: chorar e extravasar as coisas e sentimentos ruins – se for essa a vontade; depois refletir o que está errado e corrigir; e levantar a cabeça para fazer diferente e lembrar de que a vida é agora. Estudar é preciso e viver também. Procure conciliar tudo.

Joaquim Leitão Júnior, Delegado de Polícia

10.2. OS DIAS SEGUINTES AO RESULTADO

Distancie-se um pouco do problema. No dia seguinte, o fato de não ter passado vai parecer um problema enorme, monumental. É possível que tudo pareça ruim. Nesse momento, não tem muito que você possa fazer. É preciso esperar as emoções se atenuarem um pouco. Durma, converse com amigos, passeie, leia livros leves, distraia-se! Qualquer coisa que ajude a dar um respiro. Só depois que as emoções se acalmarem é que seu pensamento vai poder tomar a frente da situação. Quando isso acontecer, você poderá passar para o próximo passo, que é pensar sobre o que você pode aprender com tudo isso e como seguir em frente.

10.3. O QUE FAZER DE DIFERENTE

As emoções se acalmaram? Vamos ao novo planejamento. O momento é de identificar os pontos que devem ser trabalhados.

Você tem problema em uma matéria específica? Tem dificuldade em um tipo de exercício? Ou é a situação de prova, em si, que diminui seu desempenho na resolução das questões?

Qualquer que seja o ponto, identifique-o e trace sua estratégia para vencê-lo. Não tenha medo ou vergonha de pedir ajuda se necessário.

Às vezes, só é preciso mudar coisas pontuais, por exemplo, focar naquela matéria que é o seu ponto fraco. Em outros casos, a mudança pode ser mais estrutural, e basta mudar o material de estudo. Em um terceiro caso, pode ser que você não precise, de fato, fazer algo de diferente. Como os concursos exigem um volume muito grande de conteúdo, é perfeitamente possível que talvez você apenas precise continuar estudando para acumular mais conhecimento.

10.4. TENTE OUTRA VEZ

Poucas vezes na vida sofremos algum insucesso que impede *para sempre* uma nova tentativa. Na maioria dos casos, depois da recuperação e de um novo plano de ataque, podemos tentar novamente.

Samuel Beckett, considerado um dos escritores mais influentes do século XX, dá uma lição de perseverança em um de seus escritos:

> "Tente novamente, falhe novamente, mas falhe de uma maneira melhor."

No mundo dos concursos, sempre podemos tentar de novo, pois sempre haverá novas vagas abrindo. Ademais, a não aprovação é comum e esperada. A maioria dos concurseiros de sucesso tem diversas histórias de frustrações para contar. A ideia não é passar de primeira, mas sim se preparar até conseguir passar. Para que isso aconteça, podem ser necessárias muitas tentativas. Portanto, encare a não aprovação como parte da jornada até o sucesso, e tente outra vez!

As reprovações em minha trajetória foram incontáveis. Em várias reprovações, confesso que foram injustas, embora outras justas. Não posso faltar com a verdade e sustentar que reprovar é algo bom num primeiro momento, mas depois sempre aprendi a analisar e extrair, mesmo de situações ruins (se assim posso dizer), exemplos e coisas boas para fazer diferente e superar aqueles momentos.

Acredito que saber se rearrumar e se arranjar sempre com as reprovações, com criatividade e motivação, é algo que todos concurseiros devem treinar e se submeter, porque os percalços fazem parte da vida – e saber encarar isso é algo que auxilia na maturidade para o futuro cargo e na própria vida.

Afinal, cair na vida faz parte do jogo. Agora, você é quem, diante da situação, decide se vai ficar prostrado o resto da vida e lamentar, ou se vai erguer a cabeça e seguir firme rumo aos seus sonhos. A vida vai passar de qualquer jeito, o sonho não. Então, siga o seu sonho, pois a vida é um sonho. Vida sem sonho não é vida!

Joaquim Leitão Júnior, Delegado de Polícia

Minhas reprovações ocorreram por falta de preparo. Assim, verificava o que não tinha estudado adequadamente e revia minha rotina de estudos.

Nathaly Campitelli Roque,
Procuradora do Município de São Paulo

10.5. RESILIÊNCIA: A CAPACIDADE DE SE RECUPERAR DE ADVERSIDADES

A American Psychological Association (APA) define resiliência como "o processo de adaptação satisfatória frente a adversidades, traumas, tragédias, ameaças e outras fontes significativas de estresse – tais como problemas familiares, problemas de saúde ou de trabalho e estressores financeiros. Resiliência significa 'recuperar-se' de experiências difíceis".[2] O termo tem origem na física e significa a capacidade de certos materiais de retornar à sua forma original depois de sofrer impactos e deformações.

Ser resiliente não significa que você não vai sentir dificuldades ou angústia. É claro que, perante situações desafiadoras ou frustrantes, você vai sentir um abalo emocional. Isso é humano. Ser resiliente, na verdade, significa que você vai conseguir persistir e se recuperar da queda.

O campo de estudos a respeito da resiliência é relativamente novo. De modo geral, ele significou uma mudança de foco: antes, a ideia era identificar problemas e tentar fazê-los desaparecer (o que, na maioria das vezes, não é possível). Estudando os fatores que aumentam a resiliência, focamos em como viver bem *apesar* dos problemas, falhas, fracassos etc.

A APA enfatiza que "a resiliência não é um traço inato. Ela envolve comportamentos, pensamentos e ações que podem ser aprendidos e desenvolvidos por todos".[3]

Há três áreas importantes para uma boa resposta resiliente: fatores internos, fatores em nossa família imediata e fatores do ambiente.

Observe alguns fatores importantes que te ajudarão a desenvolver a resiliência:

> ✓ fazer planos realistas e realizá-los passo a passo;
> ✓ manter uma autoimagem positiva e manter a confiança em seus pontos fortes e capacidades;
> ✓ fortalecer habilidades de comunicação;
> ✓ fortalecer habilidades de resolução de problemas;
> ✓ fortalecer a capacidade de administrar emoções e impulsos fortes;
> ✓ passar tempo com pessoas que dão apoio e encorajamento.

---

[2] Disponível em: <http://www.apa.org/helpcenter/road-resilience.aspx>. Acesso em 21.08.2017.

[3] Disponível em: <http://www.apa.org/helpcenter/road-resilience.aspx>. Acesso em 21.08.2017.

Se você sente que poderia se beneficiar de um nível maior de resiliência, atente-se a esses tópicos. Psicólogos também podem ajudar a desenvolver, treinar e fortalecer a resiliência. Em alguns casos, pode ser uma boa opção contar com a ajuda desses profissionais.

10.6. RECOMECE!

Muitos candidatos passaram pela reprovação, recomeçaram e conquistaram o sonho da carreira pública. Não desista dos seus sonhos e objetivos. Use histórias reais para se inspirar e continuar se dedicando para conquistar sua vaga, que, acredite, uma hora vai chegar!

> *Nunca haverá uma "palavra certa" a dizer, mas o fato é que algumas reprovações são muito mais dolorosas do que outras. Quem realmente estudou muito, estava muito bem preparado (dizemos que já estava "no ponto") e, por muito pouco, não conseguiu sofrerá bastante, não há como negar. Para essa pessoa, será difícil manter a motivação, o normal será ela precisar de "um tempo" (acho importante, ainda que seja inevitável uma diminuição no ritmo e no estresse, que o estudante não pare totalmente – e procure retomar a "normalidade" assim que melhorar o sentimento de "luto").*
>
> *Em qualquer hipótese, o principal pensamento que deve invariavelmente estar presente na cabeça de quem está se preparando é que o "projeto passar em concurso" é um projeto de vida e, assim, não pode ser simplesmente "abandonado" a cada um dos quase sempre inevitáveis "acidentes de percurso".*
>
> **Marcelo Alexandrino, Auditor-fiscal da Receita Federal**

Continue acreditando, e estude cada vez mais. A aprovação é construída diariamente. Cada dia de estudo é mais uma peça fundamental para a aprovação. É preciso aceitar que, se o sucesso ainda não chegou, é porque ainda falta uma dose de preparação, e isso demanda mais estudo. Aceitar a realidade é mais maduro e eficaz do que simplesmente reclamar, inventar desculpas ou atribuir a reprovação a outras pessoas.
Cleber Masson, *Promotor de Justiça*

Uma palavra que me movia: persistência. Nunca desistir dos projetos; sempre lutar por eles. Quantos especialistas de hoje já não sofreram reprovações no passado?
José dos Santos Carvalho Filho,
Procurador de Justiça aposentado

Às vezes a reprovação simplesmente não tem uma "causa". Não deu certo, ponto. Vida que segue. Às vezes, porém, a reprovação pode ser explicada: faltou treino, mais leitura de lei seca, um aprofundamento maior na doutrina, um conhecimento da jurisprudência dos tribunais superiores, uma atenção especial para determinada matéria, mais concentração, mais disciplina etc. Por isso, pode ser muito oportuno que, após uma reprovação, o concurseiro pare por alguns dias para analisar, com calma, o que pode ser melhorado na sua preparação. É um clichê, eu sei, mas para muitos desistir não é uma opção.
Caio Paiva, *Defensor Público da União*

INFOGRÁFICO

Agora que você já sabe por onde começar a estudar para concursos, deve estar pesquisando quais deles estão com inscrições abertas.

É importante acompanhar a movimentação do concurso que planeja prestar, mas não se esqueça de que há muitas opções e, no caminho para o cargo público dos seus sonhos, você pode encontrar outras que também sejam interessantes.

Pensando nisso, montamos um infográfico com as disciplinas cobradas nas principais provas. A partir desse gráfico, você poderá identificar os concursos com disciplinas semelhantes e, quem sabe, aproveitar os seus estudos para outras provas.

Vamos ver como funciona?

Vejamos o gráfico das disciplinas cobradas nos concursos para as carreiras de Técnico do Tribunal Regional Eleitoral – TRE, do Instituto Nacional do Seguro Social – INSS e do Ministério Público – MP.

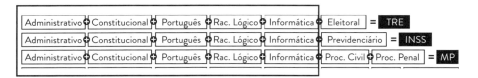

Os três concursos exigem em comum as matérias de Direito Administrativo, Direito Constitucional, Português, Raciocínio Lógico e Informática. Então, se você está se preparando para o concurso para Técnico do INSS, por exemplo, mas o concurso para Técnico do MP está prestes a abrir inscrições, se tiver interesse em participar da seleção, poderá aproveitar o conteúdo já estudado e somar às disciplinas comuns as faltantes, no caso: Processo Civil e Processo Penal.

Agora vamos analisar alguns dos cargos de Analista. Abaixo, o infográfico das carreiras de Analista do TJ, TRT e TRE.

Os três concursos têm em comum as matérias de Direito Administrativo, Direito Constitucional, Português, Raciocínio Lógico, Processo Civil e Direito Civil. Se você já estudou essas seis matérias e poderia se dedicar a outras, mas os editais ainda não saíram, faça outra análise: quais disciplinas são comuns a dois dos três concursos?

Repare que Informática e Administração Pública são cobradas nos concursos de Analista do TRT e do TRE, e Penal e Processo Penal são cobradas nos concursos do TJ e do TRE. Se você considerar este seu próximo bloco de matérias, suas chances de esgotar os editais aumentam – e muito!

Veja que agora restaram somente as matérias específicas de cada concurso: para o TJ, Matemática; para o TRT, Processo do Trabalho e Direito do Trabalho; para o TRE, Administração Financeira e Orçamentária (AFO) e Direito Eleitoral. Essas disciplinas podem ter sua dedicação quando os concursos se aproximarem – lembre-se que já estudamos o caminho que o concurso percorre, então você não precisa esperar a publicação do Edital. Acompanhe as notícias!

Confira o infográfico completo, dividido em carreira de técnico, analista e alto rendimento, e descubra por quais disciplinas deve começar seus estudos.

Acompanhe as novidades sobre os principais concursos públicos e consulte o infográfico das matérias cobradas com melhor visualização:

http://genconcursos.com.br/guiametodo

240 GUIA MÉTODO DO CONCURSO PÚBLICO ★ Equipe Método

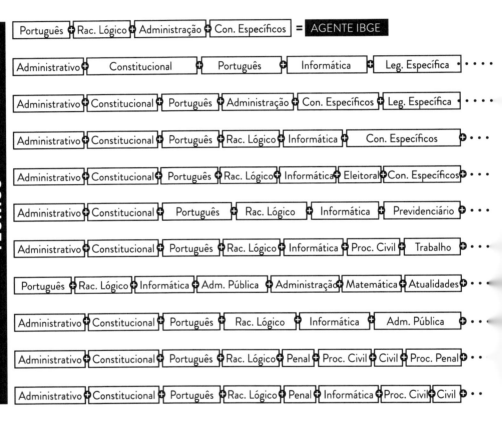

INFOGRÁFICO **241**

• • • • • = **TÉCNICO DEFENSORIA**

• • • • • = **TÉCNICO PGE**

• • • • • ⊕ Leg. Específica = **TÉCNICO MP**

• • • • ⊕ Leg. Específica = **TÉCNICO TRE**

• • • • ⊕ Con. Específicos ⊕ Leg. Específica = **TÉCNICO INSS**

• • • • ⊕ Proc. Trabalho ⊕ Leg. Específica = **TÉCNICO TRT**

• • • • ⊕ Con. Específicos ⊕ Leg. Específica = **TÉCNICO RECEITA**

• • • • ⊕ Administração ⊕ Controle Externo ⊕ Economia Publ. = **TÉCNICO TCE**

• • • • ⊕ Tributário ⊕ Previdenciário ⊕ Leg. Específica = **TÉCNICO TRF**

• • • • ⊕ Proc. Penal ⊕ Matemática ⊕ Atualidades ⊕ Administração ⊕ Leg. Específica = **TÉCNICO TJ**

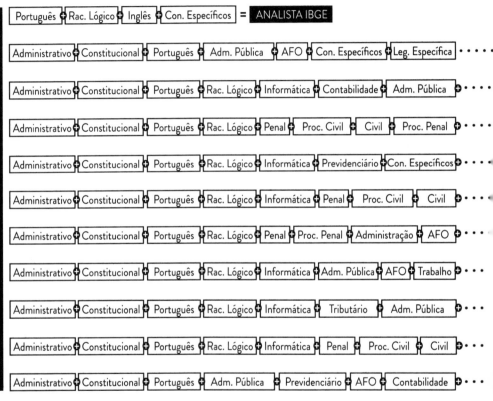

INFOGRÁFICO **243**

• • • • • = **ANALISTA PGE**

• • • • • ⊕ Administração = **ANALISTA TJ**

• • • • • ⊕ ECA ⊕ Leg. Específica = **ANALISTA MP**

• • • • • ⊕ Leg. Específica = **ANALISTA INSS**

• • • • • ⊕ Proc. Penal ⊕ Leg. Específica = **ANALISTA DPE**

• • • • • ⊕ Trabalho ⊕ Leg. Específica = **ANALISTA TRF**

• • • • • ⊕ Proc. Trabalho ⊕ Leg. Específica = **ANALISTA TRT**

• • • • • ⊕ Administração ⊕ Contabilidade ⊕ Matemática ⊕ Inglês ⊕ Leg. Específica = **ANALISTA RECEITA**

• • • • • ⊕ Proc. Penal ⊕ ADM. Pública ⊕ AFO ⊕ Eleitoral ⊕ Con. Específicos ⊕ Leg. Específica = **ANALISTA TRE**

• • • • • ⊕ Atualidades ⊕ Controle Externo ⊕ Fin. e Econômico ⊕ Estatística ⊕ Con. Específicos = **ANALISTA TCE**

ALTO RENDIMENTO

- Constitucional → Português → Civil → Internacional → Inglês → Economia → Espanhol → Francês → Política → Con. Específicos · · · · ·
- Administrativo → Constitucional → Penal → Proc. Civil → Civil → Proc. Penal → Tributário → Previdenciário → Empresarial → Proc. Trabalho · · · · ·
- Administrativo → Constitucional → Penal → Proc. Civil → Civil → Previdenciário → Empresarial → Trabalho → Proc. Trabalho → Internacional · · · · ·
- Administrativo → Constitucional → Penal → Proc. Civil → Civil → Proc. Penal → Tributário → Empresarial → Eleitoral → ECA → Humanos · · · · ·
- Administrativo → Constitucional → Penal → Proc. Civil → Civil → Proc. Penal → Tributário → Empresarial → Eleitoral → Ambiental → ECA · · · · ·
- Administrativo → Constitucional → Português → Rac. Lógico → Tributário → ADM. Pública → Administração → Contabilidade → Inglês · · · · ·
- Administrativo → Constitucional → Português → Rac. Lógico → Informática → Penal → Civil → Tributário → Empresarial → AFO → Contabilidade · · · · ·
- Administrativo → Constitucional → Penal → Proc. Civil → Civil → Proc. Penal → Tributário → Previdenciário → Empresarial → Internacional · · · · ·
- Administrativo → Constitucional → Penal → ADM. Pública → Previdenciário → Administração → AFO → Contabilidade → Atualidades → Auditoria · · · · ·
- Administrativo → Constitucional → Penal → Proc. Civil → Civil → Proc. Penal → Tributário → Previdenciário → Empresarial → Trabalho · · · · ·
- Administrativo → Constitucional → Português → Tributário → ADM. Pública → Previdenciário → AFO → Contabilidade → Fin. e Econômico · · · · ·
- Administrativo → Constitucional → Penal → Proc. Civil → Civil → Proc. Penal → Tributário → Previdenciário → Empresarial → Trabalho → Proc. Trabalho · · · · ·

INFOGRÁFICO **245**

• • • • • = DIPLOMATA

• • • • • ⊕ Ambiental ⊕ Leg. Específica = PROCURADOR

• • • • • ⊕ ECA ⊕ Humanística ⊕ Leg. Específica = JUIZ TRT

• • • • • ⊕ Dif. e Coletivos ⊕ Medicina Legal = PROMOTOR MP

• • • • • ⊕ Humanística ⊕ Consumidor ⊕ Leg. Específica = JUIZ TJ

• • • • • ⊕ Auditoria ⊕ Comércio Int. ⊕ Leg. Específica = AUDITOR RF

• • • • • ⊕ Matemática ⊕ Inglês ⊕ Auditoria ⊕ Leg. Específica = AUDITOR ICMS

• • • • • ⊕ Ambiental ⊕ Humanística ⊕ Fin. e Econômico ⊕ Consumidor = JUIZ TRF

• • • • • ⊕ Fin. e Econômico ⊕ Economia ⊕ Con. Específicos = AUDITOR TCE

• • • • • ⊕ Proc. Trabalho ⊕ Internacional ⊕ Ambiental ⊕ Fin. e Econômico = ADVOGADO AGU

• • • • • ⊕ Controle Externo ⊕ Auditoria ⊕ Economia ⊕ Con. Específicos = AUDITOR CGE

• • • • • ⊕ Eleitoral ⊕ Internacional ⊕ ECA ⊕ Humanística ⊕ Consumidor ⊕ Humanos ⊕ Penal Militar ⊕ Proc. Penal Militar = DEFENSOR

IMPORTANTE! Não se esqueça de que essas informações não substituem a leitura do edital!

As informações apresentadas foram retiradas das seguintes fontes:

Técnico

Agente IBGE (IBGE – Agente Censitário Municipal (ACM) – 2017) – <http://netstorage.fgv.br/ibge-censo/Edital_2o_PSS_FGV_-_retificado_em_23.05.2017-.pdf>.

Técnico Defensoria (FCC – DPE/RS – Técnico – Área Administrativa – 2017) – <http://www.concursosfcc.com.br/concursos/dpers117/publicado.pdf>.

Técnico PGE (FCC – PGE/MT – Técnico – 2016) – <http://www.concursosfcc.com.br/concursos/pgemt116/boletim_pgemt116.pdf>.

Técnico MP (FGV – MP/RJ – Técnico do Ministério Público – Área Administrativa – 2016) – <http://fgvprojetos.fgv.br/sites/fgvprojetos.fgv.br/files/concursos/mprj/Edital_MPRJ_29_03_2016_-_RETIFICADO-2aretif-hjrfbsdjk13546851.pdf>.

Técnico TRE (FCC – TRE/SP – Técnico Judiciário – Área Administrativa – 2016 – <http://www.concursosfcc.com.br/concursos/tresp116/boletim_tresp116.pdf>.

Técnico INSS (Cebraspe – INSS – Técnico do Seguro Social – 2016) – <http://www.cespe.unb.br/concursos/INSS_2015/>.

Técnico TRT (FCC – TRT/24ª Região – Técnico Judiciário – Área Administrativa – 2016) – <http://www.concursosfcc.com.br/concursos/trt24116/boletim_trt24116.pdf>.

Técnico Receita (ESAF – Assistente Técnico-Administrativo – 2014) – <http://www.esaf.fazenda.gov.br/assuntos/concursos_publicos/encerrados/2014/assistente-tecnico-administrativo-ata-2014>.

Técnico TCE (FCC – TCE/CE – Técnico de Controle Externo – Administração – 2015) – <http://www.concursosfcc.com.br/concursos/tcece111/boletim_tcece111_analistas_tecnicos.pdf>.

Técnico TRF (Consulplan – TRF/2ª Região – Técnico Judiciário/ Sem Especialidade – Área Administrativa – 2016) – <https://consulplan. s3.amazonaws.com/concursos/472/1_23112016075734.pdf>.

Técnico TJ (VUNESP – TJ/SP – Escrevente Técnico Judiciário – 2017; FGV – TJ/BA – Técnico Judiciário – Área Administrativa – 2015) – <https:// documento.vunesp.com.br/documento/stream/VEpTUDE3MDF8MDA-wMDQxMjc3> e <http://fgvprojetos.fgv.br/sites/fgvprojetos.fgv.br/files/ concursos/tjba/Edital_TJBA_-_2014_11_19_-_retificado_(14012015). pdf>.

Analista

Analista IBGE (FGV – IBGE – Analista Processos Administrativos Disciplinares – 2015) – <http://fgvprojetos.fgv.br/sites/fgvprojetos.fgv. br/files/concursos/ibge/Edital_Analista_e_Tecnologista_-_retificado_- -_5a_retificacao.pdf>.

Analista PGE (FCC – PGE/MT – Analista – Administrador – 2016) – <http://www.concursosfcc.com.br/concursos/pgemt116/boletim_pge-mt116.pdf>.

Analista TJ (FGV – TJ/BA – Analista Judiciário – Área Administrativa – 2015) – <http://fgvprojetos.fgv.br/sites/fgvprojetos.fgv.br/files/concursos/ tjba/Edital_TJBA_-_2014_11_19_-_retificado_(14012015).pdf>.

Analista MP (FGV – MP/RJ – Analista do Ministério Público – Área Administrativa – 2016) – <http://fgvprojetos.fgv.br/sites/fgvprojetos.fgv.br/ files/concursos/mprj/Edital_MPRJ_29_03_2016_-_RETIFICADO-2aretif- -hjrfbsdjk13546851.pdf>.

Analista INSS (Cebraspe – INSS – Analista do Seguro Social – 2016) – <http://www.cespe.unb.br/concursos/INSS_2015/arquivos/INSS_ED._1_ ABT.PDF>.

Analista DPE (FCC – DPE/RS – Analista – Área Processual – 2017) –<http://www.concursosfcc.com.br/concursos/dpers117/publicado.pdf>.

Analista TRF (Consulplan – TRF/2ª Região – Analista Judiciário/ Sem Especialidade – Área Administrativa – 2016) – <https://consulplan. s3.amazonaws.com/concursos/472/1_23112016075734.pdf>.

Analista TRT (Cebraspe – TRT/7ª Região – Analista Judiciário – Área Administrativa – 2017) – <http://www.cespe.unb.br/CONcursos/TRT7_17_ANALISTA_TECNICO/arquivos/ED_1_2017_TRT7_17_ANALISTA_TECNICO_ABT.PDF>.

Analista Receita (ESAF – Analista Tributário da Receita Federal – 2012) – <http://www.esaf.fazenda.gov.br/assuntos/concursos_publicos/em-andamento-1/atrfb/edital-23.pdf>.

Analista TRE (FCC – TRE/SP – Analista Judiciário – Área Administrativa – 2016) – <http://www.concursosfcc.com.br/concursos/tresp116/boletim_tresp116.pdf>.

Analista TCE (Cebraspe – TCE/PE – Analista de Gestão – Administração – 2017) – <http://www.cespe.unb.br/concursos/TCE_PE_17/arquivos/ED_1_TCE_PE_2017_ABT.PDF>.

Alto rendimento

Diplomata (Cebraspe – IRBr – Diplomata – Terceiro Secretário – 2017) – <http://www.cespe.unb.br/concursos/IRBR_17_DIPLOMACIA/arquivos/IRBR_ED._1_ABERTURA.PDF>.

Procurador (Cebraspe – PGE/SE – Procurador do Estado – 2017) – <http://www.cespe.unb.br/concursos/PGE_SE_17_PROCURADOR/arquivos/ED_1_2017_PGE_SE_17_PROCURADOR_ABT_FINAL.PDF>.

Juiz TRT (FCC – TRT/15ª Região – Juiz do Trabalho Substituto – 2015) – <http://www.concursosfcc.com.br/concursos/trt1r115/boletim_trt1r115.pdf>.

Promotor MP (MP/SP – Promotor de Justiça Substituto – 2017) – <http://www.mpsp.mp.br/portal/page/portal/concursos/membros/92_Concurso>.

Juiz TJ (Cebraspe – TJ/PR – Juiz Substituto – 2016) – <http://www.cespe.unb.br/concursos/TJ_PR_16_JUIZ/arquivos/ED_1_2016_TJ_PR_16_JUIZ_ABERTURA.PDF>.

Auditor RF (ESAF – Auditor-Fiscal da Receita Federal – 2014) – <http://www.esaf.fazenda.gov.br/assuntos/concursos_publicos/encerrados/2014/procurador-da-fazenda-nacional-pfn>.

Auditor ICMS (FCC – SEFAZ/MA – Auditor-Fiscal da Receita Estadual – Administração Tributária – 2016) – <http://www.concursosfcc.com.br/concursos/sefaz116/boletim_sefaz116.pdf>.

Juiz TRF (TRF/2ª Região – Juiz Federal Substituto – 2016) – <http://www10.trf2.jus.br/ai/wp-content/uploads/sites/3/2016/05/edital-trf2-edt-2016-00009-de-11-de-novembro-de-2016.pdf>.

Auditor TCE (Cebraspe – TCE/PE – Auditor de Controle Externo – 2017) – <http://www.cespe.unb.br/concursos/TCE_PE_17/arquivos/ED_1_TCE_PE_2017_ABT.PDF>.

Advogado AGU (Cebraspe – Advogado da União de 2ª Categoria – 2015) – <http://www.cespe.unb.br/concursos/agu_15_adv/arquivos/AGU_ADV_2015_ED_1___ABERTURA.PDF>.

Auditor CGE (Cebraspe – CGE/PI – Auditor Governamental – 2014) –<http://www.cespe.unb.br/concursos/CGE_PI_14_AUDITOR/arquivos/ED_1_2014_CGE_PI_14_AUDITOR_ABERTURA.PDF>.

Defensor (Cebraspe – DPU – Defensor Público Federal de 2ª Categoria – 2014) – <http://www.cespe.unb.br/concursos/DPU_14_DEFENSOR/arquivos/ED_1_2014_DPU_14_DEFENSOR_ABERTURA.PDF>.

GLOSSÁRIO

Ampla concorrência: característica das vagas que não são reservadas às cotas.

Autarquias: são empresas públicas, criadas por lei específica (art 37, XIX, da Constituição Federal), que dispõem de patrimônio próprio e realizam atividades típicas do Estado, mas não são dirigidas por ele; assim, agem de forma descentralizada. Elas estão em funcionamento nas mais diversas áreas. Exemplos de autarquias no governo federal: Banco Central e agências reguladoras.

Avaliação de títulos: em regra, tem caráter classificatório. Nessa fase, são considerados cursos de pós-graduação, mestrado, doutorado, textos técnicos publicados, entre outros. O edital de cada concurso é que especifica qual especialização relevante para contar pontos e, como consequência, contribuir para a classificação.

Avaliação médica: verifica se o candidato tem condições físicas e mentais para o exercício de suas atividades. Nessa etapa, são solicitados exames clínicos especificados no edital.

Avaliação psicológica: em regra, tem caráter eliminatório e busca avaliar se as características psicológicas do candidato são compatíveis com o desempenho das atividades exigidas pelo cargo. Leva em consideração a capacidade de concentração, o raciocínio, o relacionamento interpessoal, a disciplina, o controle emocional, entre outros.

Banca examinadora: formada por especialistas, é encarregada pela elaboração das questões das provas e dos seus critérios de avaliação.

Banca organizadora: órgão responsável pelo planejamento, pela organização, pela divulgação e pela seleção de candidatos em um concurso público. Além de avaliar o nível de conhecimento aplicado para o desempenho das atividades do cargo, levando em conta as exigências do edital.

Cadastro reserva: possibilidade de abrir um concurso para vagas futuras. Quando o edital é publicado e o número de vagas ainda não é disponibilizado, pois não há exatidão sobre quantas serão preenchidas. Ou seja, naquele momento não há vagas, mas uma probabilidade de que elas surjam. É possível que o órgão indique uma quantidade mínima de vagas efetivas a serem preenchidas e uma quantidade para o cadastro reserva. Também pode acontecer de um concurso ser aberto apenas para a formação da lista. A particularidade é que os aprovados

GLOSSÁRIO **253**

terão somente a expectativa de serem nomeados, pois não há obrigatoriedade de convocação do total de aprovados nos concursos para cadastro reserva.

Caráter classificatório: significa que o resultado obtido em cada fase vai determinar a classificação final do candidato, nos casos de concursos com mais de uma etapa.

Caráter eliminatório: se o candidato não atingir uma pontuação mínima exigida, será reprovado no concurso.

Cargo: conjunto de atribuições e responsabilidades previstas na estrutura organizacional que devem ser cometidas a um servidor (art. 3º da Lei 8.112/1990).

Cargo em comissão: é aquele que a lei determina ser de livre nomeação e exoneração. Não há necessidade de concurso, podendo ocorrer a dispensa em qualquer momento e sem procedimento prévio. É uma exceção, já que a regra é a realização de concurso.

Cartão de convocação: documento emitido pela banca organizadora, em que constam dados do candidato, como: número de inscrição, nome, número do documento de identidade, cargo, local, datas, horários e informações gerais das provas. Pode ser obtido *on-line,* e sua impressão é de inteira responsabilidade do candidato.

Cláusula de barreira: limita a quantidade de candidatos em cada fase do certame, mantendo aqueles que tiverem o melhor desempenho. Barra candidatos que obtiverem a pontuação mínima, mas que não estiverem bem classificados no geral. Por exemplo: o Município X abre concurso com duas fases para o cargo Y. Na primeira, é aplicada prova objetiva com 100 questões de múltipla escolha; na segunda fase, prova discursiva. São aprovados para a segunda fase os candidatos que acertarem 50% da primeira prova. Porém, para a segunda etapa, só 500 candidatos poderiam fazer a prova. Então, os candidatos a partir da 501ª posição, mesmo que tenham acertado 50% das questões da primeira fase, não serão considerados habilitados para a segunda fase do certame. A cláusula de barreira é prevista no edital e já foi, inclusive, analisada pelo Supremo Tribunal Federal, que decidiu ser constitucional, considerando-se a grande quantidade de inscritos em concursos públicos e o planejamento que a Administração Pública faz para receber em seus quadros uma quantidade de candidatos que possa gerir tanto financeira como administrativamente.

Concurso de remoção: processo seletivo interno, com edital aberto somente para servidores e funcionários no exercício de suas atribuições. Essa seleção pode ocorrer em todas as áreas, basta que o servidor ou funcionário público atenda aos requisitos solicitados. Em alguns casos, os concursos de remoção podem ser abertos antes da seleção externa, até para que haja uma reorganização interna do órgão.

Concurso público: processo seletivo de entidades governamentais que tem como objetivo escolher o melhor candidato para ocupar uma vaga em determinado cargo público.

Conteúdo programático: relação das matérias que serão cobradas em um concurso.

Cotas: tentativa do Estado para incluir aqueles que, em razão da desigualdade social, podem ter mais dificuldade de ser admitidos no serviço público. Para isso, a lei determina que 20% das vagas oferecidas em concursos públicos – para provimento de cargos efetivos e empregos públicos no âmbito da Administração Pública federal, das autarquias, das fundações públicas, das empresas públicas e das sociedades de economia mista controladas pela União – são reservadas a pessoas com deficiência ou a candidatos que se identificam como negros.

Curso de formação: treinamento específico para lidar com a rotina de trabalho exigida pelo cargo para o qual os candidatos foram habilitados nas fases anteriores do certame.

Edital: aviso oficial da banca examinadora para informar fatos ou ordens relativas a determinado concurso. Para que tenha efeito legal, deve ser divulgado na imprensa oficial ou em jornal de grande circulação.

Edital de abertura: aviso oficial do início do certame. Nele estarão as disposições gerais prévias sobre o concurso para os candidatos iniciarem sua preparação.

Edital de convocação: tem por finalidade cientificar determinada categoria ou grupo de pessoas acerca de um ato, como uma determinada fase do concurso, para que se façam presentes e participem os interessados.

Edital de divulgação: utilizado, normalmente, como meio de comunicação de informações posteriores ao edital de abertura, como lista de aprovados, locais de provas, listas de deferimentos de isenção de pagamento de inscrição etc.

GLOSSÁRIO **255**

Edital de retificação: notificação de alteração em algum dos editais publicados anteriormente.

Emenda Constitucional: norma especial que altera algum ponto da Constituição Federal brasileira.

Emprego público: ocupação em serviço público, cargo. Conjunto de atribuições exercidas por empregados públicos, que prestaram concurso público, mas têm vínculo com a entidade governamental regido pela CLT.

Empresa de economia mista: tipo de sociedade na qual há colaboração entre Estado e particulares, reunindo recursos para a realização de uma finalidade, sempre para explorar uma atividade econômica. Exemplos de empresa de economia mista: Petrobras, Banco do Brasil, Eletrobras etc.

Empresa pública: empresas com patrimônio próprio e capital exclusivo da União, são submetidas às mesmas regras legais impostas a uma empresa privada. Exemplos de empresas públicas: Correios, Caixa Econômica Federal, Infraero etc.

Estabilidade: direito dos servidores previsto na Constituição. É a garantia que os funcionários públicos têm de não serem dispensados sempre que um novo governante é eleito. Além de protegê-los de represálias quando seu trabalho afetar interesses e garantir que a máquina do Estado funcione constantemente.

Estágio probatório: período de 24 meses em que o servidor ou funcionário público é avaliado sob diferentes aspectos, como disciplina e responsabilidade. Depois desse período, o funcionário é considerado apto ou inapto para o exercício de suas atribuições. Caso seja considerado inapto, pode ser exonerado. Portanto, esse tempo é extremamente importante, pois é o desempenho apresentado nele que definirá se o funcionário vai adquirir ou não a estabilidade.

Exercício: atividade, prática ou desempenho de função real, efetiva. É o serviço ativo ou desempenho efetivo de um cargo ou função.[1]

Gabarito preliminar: padrão de respostas considerado correto pela banca examinadora, antes de eventuais recursos. Normalmente é divulgado poucos dias após a realização da prova.

---

[1] SILVA, De Plácido e. *Vocabulário Jurídico*. 32. ed. Rio de Janeiro: Forense, 2016.

Homologação: ato pelo qual a autoridade, judicial ou administrativa, ratifica, confirma ou aprova um outro ato, a fim de que possa investir--se de força executória ou apresentar-se com validade jurídica, para ter a eficácia legal.[2] Depois de homologado, encerra-se o prazo para qualquer tipo de questionamento acerca da seleção, dando início ao prazo de convocação dos aprovados.

Investigação social: pesquisa referente a relacionamentos e conduta do candidato. Pode envolver consultas e entrevistas com familiares, amigos e vizinhos. O objetivo é verificar a existência de risco para o bom exercício da função pública. É utilizada principalmente em concursos para cargos da área policial.

Isenção de taxa: dispensa do pagamento da taxa de inscrição do concurso, leva-se em consideração parâmetros estabelecidos no edital, por exemplo, a situação de desemprego do candidato.

Lactante: mulher que amamenta. A mãe concurseira que tem necessidade de amamentar durante a realização da prova poderá levar um acompanhante, que ficará em sala reservada, sendo responsável pela guarda da criança. No momento da amamentação, a candidata será acompanhada por um fiscal até uma sala onde poderá amamentar. Normalmente a candidata informa sua condição no momento da inscrição, para que haja preparação por parte da banca organizadora.

Lei 8.112, de 11 de dezembro de 1990: lei que dispõe sobre o regime jurídico dos servidores públicos civis da União, das autarquias e das fundações públicas federais. Seu conteúdo traz orientações gerais e requisitos para ocupação de cargo público, nomeação, concurso público, licença, aposentadoria etc. Caso o concurso de seu interesse seja disciplinado por essa lei, vale a pena uma leitura atenta.

Lei Orçamentária Anual – LOA: norma que dispõe sobre todos os gastos feitos pela Administração e ganhos recebidos em determinado período. É nela que o governo define suas prioridades e as metas que deverão ser atingidas em determinado ano. Disciplina todas as ações

---

[2] Idem.

do Governo Federal. Nenhuma despesa pública pode ser executada fora do orçamento.

Leis Orgânicas: normas específicas que disciplinam a organização e as atribuições de uma instituição e dos ocupantes de suas carreiras.

Licitação: procedimento estabelecido pela lei para que os entes públicos contratem serviços. Isso ocorre porque a Administração Pública deve respeitar regras impostas pela Constituição Federal, e apenas em alguns casos bem específicos é autorizada a contratação de serviços ou a compra de bens sem esse procedimento.

Mandado de segurança: ação constitucional concedida "para proteger direito líquido e certo, não amparado por *habeas corpus* ou *habeas data*, quando o responsável pela ilegalidade ou abuso de poder for autoridade pública ou agente de pessoa jurídica no exercício de atribuições do Poder Público" (art. 5º, LXIX, da CF). Assim, caso não haja recurso específico no edital para alguma situação, é possível a impetração do mandado de segurança para proteger o direito que o candidato entenda ameaçado, desde que dentro da hipótese de cabimento.

Nomeação: ato pelo qual o Poder Público faz a designação de uma pessoa para que seja promovida no exercício de um cargo ou função pública. Ela se revela a primeira investidura nos postos ou cargos administrativos, distinguindo-se, assim, da promoção ou do acesso, em que a pessoa é designada para mais alto posto ou cargo de categoria mais elevada.[3]

Pedido de reclassificação ou reposicionamento: existe a possibilidade de o candidato requerer que seja colocado no último lugar da lista de convocados, mesmo que tenha uma classificação melhor, pois necessita de um período para finalizar projetos anteriormente iniciados, ou por questões pessoais. Por vezes, esse pedido já vem previsto no edital.

Posse: ato pelo qual a pessoa assume, efetivamente, o exercício das funções para que foi nomeada, designada ou eleita.[4]

---

[3] Idem.

[4] Idem.

Proposta de Emenda Constitucional: projeto de uma Emenda Constitucional para alterar a Constituição Federal brasileira.

Prova de título: análise de títulos apresentados e anteriormente especificados em edital. Podem ser comprovantes de exercício de cargos correspondentes; diplomas de cursos de nível superior e de pós-graduação (especialização, mestrado, doutorado, MBA etc.); publicação de livros, artigos ou outros trabalhos científicos; premiações. A cada título são atribuídos pontos, de acordo com a sua maior ou menor relevância para o exercício do cargo. Quanto maior a concorrência no concurso, maior peso pode ter a avaliação de títulos. Não é fase eliminatória, mas somente classificatória; ou seja, apenas acrescenta pontos de acordo com os títulos apresentados. Caso o candidato não apresente nada, não será desclassificado, apenas não pontuará.

Prova discursiva: prova na qual as respostas devem ser escritas em forma de texto dissertativo, com as próprias palavras e ideias do candidato e logicamente encadeadas.

Prova objetiva: avaliação em que a banca dá opções de resposta para o enunciado apresentado e o candidato deve escolher a alternativa que julgar correta e depois indicar no gabarito.

Prova oral: exame em que o candidato se apresenta pessoalmente aos examinadores e deve responder às perguntas solicitadas em voz alta.

Prova prática: prova na qual o candidato realiza determinado exercício para a banca examinadora constatar se ele tem as habilidades necessárias para assumir a função destinada. Por exemplo, um candidato a escrevente realiza prova prática de digitação.

Recurso: ferramenta que permite questionar diversos pontos do concurso: partes do edital, respostas de questões, resultados de todos os tipos de provas, entre outros. A contestação por meio de recurso é um direito do candidato.

Servidor público ou funcionário público: é o empregado de uma administração estatal.

Sindicância da vida pregressa : *vide* Investigação social.

Teste de aptidão física: fase na qual são avaliadas as condições físicas para a realização de determinados exercícios dentro dos tempos e/ou execuções previstas. Costuma ser uma fase de caráter eliminatório, muito comum nos concursos para as carreiras policiais. Nesses testes, é comum que os candidatos tenham que realizar exercícios em barra fixa, testes de 12 minutos, corrida, natação, abdominal, meio sugado, entre outros.

REFERÊNCIAS

ALMEIDA, Isabella. *Concurso Público* – Planeje sua Aprovação. São Paulo: Método, 2017.

AMERICAN PSYCHIATRIC ASSOCIATION. *Manual Diagnóstico e Estatístico de Transtornos Mentais*. Porto Alegre: Artmed, 2013.

AMERICAN PSYCHIATRIC ASSOCIATION *ON-LINE*. *The Road to Resilience*. Disponível em: <http://www.apa.org/helpcenter/road-resilience.aspx>. Último acesso em: 21.08.2017.

ANDRADE, Kaique Knothe de. *Como se Preparar para Concursos Públicos*. São Paulo: Método, 2017.

BARROS, Francisco Dirceu. *Os Segredos do Sucesso dos Concursos Públicos*. Leme: JH Mizuno, 2014.

BIFFE JUNIOR, João; LEITÃO JUNIOR, Joaquim. *Concursos Públicos* – Terminologias e Teorias Inusitadas. São Paulo: Método, 2017.

BRASIL. Justiça Federal – Tribunal Regional Federal da 2ª Região. Disponível em: <http://www10.trf2.jus.br>. Último acesso em: 07.08.2017.

BRASIL. Supremo Tribunal Federal. Disponível em: <http://www.stf.jus.br>. Último acesso em: 09.08.2017.

CARVALHO, Sérgio. *Como ser um Concurseiro Vencedor*. 2. ed. Rio de Janeiro: Impetus, 2014.

CASTRO, Carlos Alberto Pereira de; CASTRO, Carolina Melhado de. *Concursos Públicos* – O Segredo para Aprovação. São Paulo: Método, 2013.

CAVACO, Nanci Azevedo. *Turbine seu Cérebro* – Contribuições da Neurociência para Passar em Concursos. São Paulo: Método, 2010.

CENTRO DE SELEÇÃO E DE PROMOÇÃO DE EVENTOS – Cespe. Disponível em: <http://www.cespe.unb.br>. Último acesso em: 07.08.2017.

CETRO CONCURSOS PÚBLICOS. Disponível em: <http://www.cetroconcursos.org.br>. Último acesso em: 07.08.2017.

CONCURSOS DO MINISTÉRIO PÚBLICO DO ESTADO DO PARANÁ. Disponível em: <http://concursos.mppr.mp.br>. Último acesso em: 07.08.2017.

CONSULPLAN. Disponível em: <https://consulplan.net>. Último acesso em: 07.08.2017.

COUTINHO, Alessandro Dantas; FONTENELE, Francisco. *Concurso Público* – Direitos Fundamentais dos Candidatos. São Paulo: Método, 2014.

CRUZ, Fabricio Bittencourt da. *O Livro do Concurso Público*. São Paulo: Método, 2011.

DIAS, Charles. *Guia de Preparação do Concurseiro Solitário*. São Paulo: Método, 2010.

DICIONÁRIO HOUAISS DE LÍNGUA PORTUGUESA ON-LINE. São Paulo: Objetiva, 2009.

DOUGLAS, William. *Como Passar em Provas e Concursos*. 2. ed. Rio de Janeiro: Impetus, 2015.

DUHIGG, Charles. *O Poder do Hábito*. Trad. Rafael Mantovani. 2. ed. São Paulo: Objetiva, 2012.

ESCOLA DE ADMINISTRAÇÃO FAZENDÁRIA – Esaf. Disponível em: <http://www.esaf.fazenda.gov.br>. Último acesso em: 07.08.2017.

FUNDAÇÃO CARLOS CHAGAS – FCC. Disponível em: <http://www.concursosfcc.com.br>. Último acesso em: 07.08.2017.

FUNDAÇÃO CESGRANRIO. Disponível em: <http://www.cesgranrio.org.br>. Último acesso em: 08.08.2017.

FUNDAÇÃO GETULIO VARGAS – FGV. Disponível em: <http://fgvprojetos.fgv.br>. Último acesso em: 07.08.2017.

FUNDAÇÃO PARA O VESTIBULAR DA UNIVERSIDADE ESTADUAL PAULISTA – Vunesp. Disponível em: <https://vunesp.com.br>. Último acesso em: 07.08.2017.

FUNDAÇÃO PROFESSOR CARLOS AUGUSTO BITTENCOURT – Funcab. Disponível em: <http://ww5.funcab.org>. Último acesso em: 07.08.2017.

GARCIA, Wander. *Concursos* – O Guia Definitivo. São Paulo: Editora Fragata, 2017.

GOLEMAN, Daniel. *Foco*: a atenção e seu papel fundamental para o sucesso. Trad. Cassia Zanon. São Paulo: Editora Objetiva, 2014.

IMPOSTÔMETRO. Disponível em: <https://impostometro.com.br>. Último acesso em: 07.08.2017.

JORNAL O ESTADO DE SÃO PAULO. Disponível em: <http://economia.estadao.com.br/noticias/geral,procura-por-concursos-publicos-cresce-ate-30,70001653389>. Último acesso em: 25.08.2017.

LIMA, José Roberto. *Como Passei em 15 Concursos?* Você Também Pode Passar. São Paulo: Método, 2013.

MESQUITA, Fernando. *Sucesso nos Concursos de A a Z.* Rio de Janeiro: Impetus, 2014.

MIRANDA, Roniere. *Finalmente Concursado!* Como Adquirir o Hábito de Estudar para Concurso e Garantir uma Vaga. São Paulo: Método, 2015.

NEIVA, Rogerio. *Como se Preparar para Concursos Públicos:* com alto rendimento. São Paulo: Método, 2010.

PCI CONCURSOS. Disponível em: <https://pciconcursos.com.br>. Último acesso em: 08.08.2017.

PIAZZI, Pierluigi. *Inteligência em Concursos* – Manual de Instruções do Cérebro para Concurseiros e Vestibulandos: Cérebro para concurseiros e vestibulandos. 2. ed. São Paulo: Aleph, 2014.

PINHEIRO, Bruno. *Guia Prático do Concurseiro.* São Paulo: Método, 2010.

PORTAL GSTI. Disponível em: <https://www.portalgsti.com.br>. Último acesso em: 30.08.2017.

PRADO, Leandro Cadenas. *Concurso Público* – Eu Passei! São Paulo: Método, 2015.

SALGADO, Lia de Alencar Barreira e. *Como Vencer a Maratona de Concursos.* 5. ed. São Paulo: Saraiva, 2009.

SILVA, De Plácido e. *Vocabulário Jurídico.* 32. Ed. São Paulo: Forense, 2016.

TERRA NOTÍCIAS. Disponível em: <https://noticias.terra.com.br>. Último acesso em: 08.08.2017.

TIME. Disponível em: <http://time.com>. Acesso em 21.08.2017.

TRIBUNAL DE JUSTIÇA DO ESTADO DE SÃO PAULO. Disponível em: <http://www.tjsp.jus.br>. Último acesso em: 07.08.2017.

VELTER, Francisco; MISSAGIA, Luiz Roberto. *Concurso Público*: da Decisão à Aprovação. São Paulo: Método, 2012.